ちくま学芸文庫

増補　アジア主義を問いなおす

井上寿一

筑摩書房

目次

増補　アジア主義を問いなおす

文庫版まえがき

旧著は新書形式の最初の著作であり、意気込んで書き始めたものの、空回りしがちで、読みづらかったにちがいない。それでも書き手としての達成感は強かった。全力を尽くした気持ちだったからである。

刊行後、幸いにもいくつかの書評に恵まれた。なかでも池内恵氏と戸部良一氏の厚意あふれる書評は今も忘れがたい。どれほど励みになったことだろうか。物書きは孤独である。書いている途中で必ず自己懐疑の影が差す。書き上げてから誰かに何かを言ってもらわなくては、張り合いがない。池内氏、戸部氏をはじめとして、書評や感想をお寄せくださった皆様にあらためてお礼を申し上げる。

旧著の刊行から一〇年、すでに入手は困難になっている。あれから単著を一〇冊以上、刊行している。旧著は視野から外れていた。そこへ筑摩書房の田所健太郎氏からメールをいただいた。旧著の文庫化の依頼だった。出版市場で死んだも同然の旧著が生き返る。こんなにありがたい話はなかった。

ところが読み返してみると、加筆しなくては気が済まなくなった。直すとなるとあっちもこっちもということになる。書きなおす方が早いくらいである。これでは文庫化の意味がなくなる。逡巡した末に、独立した一章分相当の補論を書くことにした。補論は旧著に対するもっとも大きな疑問に対して、不十分ながら、答をまとめたものになっている。日本は近隣諸国に対してどのような態度をとるべきか。一〇年前と比較しても、議論は遠心化の傾向を強めている。両極端の意見の間で、大多数の人々はとまどっている。嫌いか？　と問われれば、YESと答える。それならば外交関係を断絶すべきか？　と問われれば、NOと答える。この本が中庸を尊ぶ議論に少しでも役に立つことを願う。

なお補論以外の本文は加筆、修正をおこなわなかったものの、単純な誤記等は訂正した。また引用は読みやすさを優先させて、原則として漢字は新字体・常用漢字に、かなづかいは現代かなづかいに改めるなどの変更を加えた。人名の肩書は当時のままになっている。

二〇一六年九月

井上寿一

まえがき

この本が目的としているのは、一九三〇年代のアジア主義の歴史的経験に学びながら、これからの日本とアジアとの外交関係を考えることである。「アジアを侵略した歴史から、アジアとの連帯を考えることができるというのか?」と疑問を持つ人がいるかもしれない。このような疑問は、一九三〇年代が「戦争とファシズム」の時代だったことを前提としている。

しかし私たちは、一九三〇年代の日本について、どれほどのことを知っているといえるのだろう。私たちが知っているのは、戦争のために、国家の監視のもとで、国民の社会生活が極限まで統制され、経済的にも貧しく、基本的人権や自由が抑圧されていたということである。

ところが実際には、国民は、政党内閣の復活をめざして、総選挙のたびごとに社会民主主義的な民政党に過半数の議席を与え、無産政党を躍進させていた。また戦前日本の経済的な繁栄のピークは、昭和一〇(一九三五)年である。この間に、日本外交は満州事変以来悪化した対外関係の修復に努めている。

それでも日中全面戦争が勃発する。しかし、政府が戦争の早期解決を図ったのとは対照的に、国民は戦争に反対するどころか積極的な戦争協力を行なっている。さらに戦争の拡大に伴って注目されるようになったのが、アジア主義である。

こうした事実は、断片的には知られている。しかし、それらをつなぎ合わせたもう一つの一九三〇年代の日本の姿は、あまり知られていない。

そこでこの本では、一九三〇年代=アジア侵略の歴史という従来の理解を相対化し、一九三〇年代の持つもう一つの可能性を具体的に明らかにすることによって、「これからの日本は、どのようなアジア外交を展開すべきか」を考えてみたい。

以上に述べたことから明らかなように、この本はアジア諸国との歴史対話をめざしている。北京やソウルの街角で読まれても大丈夫なように、と念じながら、実際に中国や韓国の知人の研究者に説明するつもりで、この本を書き進めていった。

ところが、このように片意地張って書いているうちに、肩がこってきたような気がした(肩こりしない体質だったのに)。また現実には翻訳される可能性がほぼゼロなのに、隣国で読まれることを前提に書くことのむなしさを感じるようにもなった。行き詰まりに追い討ちをかけるかのように、二〇〇五年に中韓の反日デモが勃発する。ここで書きかけの原稿をいったん白紙にもどす決断をした。

しかし今度はだれに向かって書けばよいのだろう、と自問する間もなく思い浮かんだのは、身近なゼミの学生たちのことである。

米ソ冷戦終結前後からの過去十数年ほどのゼミ生の平均的な対外意識は、ほとんど変わっていない。ゼミに入るまでは、彼ら彼女らは、程度の差はあっても、みな「アジア主義者」である。アメリカが嫌いで、アジアとの連帯を説く。

その基本的なスタンスは、ゼミに入ると、「現実主義」的な対米協調論の立場から手厳しく批判されることとなる。日米安保条約がなくなった場合、アジアの安全保障環境はどうなるのか？　「開発独裁」体制の東南アジア諸国、覇権主義的な中国、排外主義的な韓国、これらの国とどのように連帯するのか？　だれも答えられない。不承不承、日米安保条約の重要性を認め、アジア連帯の困難さを思い知らされる。

そのようなゼミ生のなかで、一〇年ほど前のある年の学年は、様子が違っていた。ある学生は、ゼミで「従軍慰安婦」問題を論じながら、ついには一人で韓国の独立紀年館にフィールドワークを敢行した。あるいは「歴史認識」論争の国際比較のために、アウシュビッツにまで足を延ばすゼミ生が現われた。ゼミの議論は白熱した。

これに対して、ゼミの通過儀礼のように、「現実主義」的な対米協調論の立場から批判的なコメントをして、少し得意な気持ちになっている間に、ゼミ生たちの不納得な表情を見落としていたことにあとで気づいた。私は、ゼミ生の知的誠実さに正面から向き合わなかったことを後悔した。「みんな、本当はこう言いたかったんだよ」。この本はそのような気持ちで書こう、と思い直した。

人は「正論」によっては説得されない。現に私たちが隣国の「正論」に納得しないのと同様に、隣国に向かって「正論」を展開しても、受け入れられないにちがいない。

それではどうすればよいのか。「正論」をめぐる過去一〇年ほどの「歴史認識」論争は、不毛に終わりながらも、例外的に新しい論者の登場を促した。

「自分の正しさを雄弁に主張することのできる知性よりも、自分の愚かさを吟味できる知性のほうが、私は好きだ」（内田樹『ためらいの倫理学』角川文庫、二〇〇三年）。

この内田の言葉に導かれて、身近な人に理解してもらうことが、隣国との歴史対話を成立させることにつながるような知的回路を作り出したい。

以上の観点からこの本は、一九三〇年代の日本を再発見する時間旅行へと出発する。この旅行から帰ってきたとき、私たちはアジア諸国との外交関係を考えるたしかな手がかりを得ているはずである。

©時事通信社

第１章

今なぜアジア主義を問いなおすのか

2005年４月に中国で起きたデモでは激しい反日行動が繰り返された。背景には日本の行動に対する苛立ちがあった。日本でも反中感情が強まり、日中関係は重大な局面を迎えている。

1　さまざまな「アジア主義」

†大衆文化状況

「韓流」ブーム

近年の「韓流」ブームを頂点とするアジア志向の広がりは、もはや一過性のものではなくなり、日本の大衆社会状況のなかに、すっかり定着した。女性週刊誌の見出しには、「韓流」俳優たちが、ハリウッド・スターと同じように並んでいる。「チェ・ジウ」や「イ・ビョンホン」といった名前が、ありふれた会話のなかで、人々の口にのぼるのを私たちは知っている。

かつてNHKの放送では、韓国人名はどのように呼称するべきかが問題になったことがある。「金大中」は、「きんだいちゅう」なのか「キム・デジュン」なのか。同様に、NHKの外国語講座の名称は、「朝鮮語」なのか「韓国語」なのかが問題となり、結局「ハングル」講座に落ち着いたことがあった。これらのことは、なぜ問題になったのか、何が問題だったのか、今となってはだれの関心も引かないだろう。隣国関係における脱イデオロギー化、脱政治化は確実に進んでいる。

「韓流」ブームは、韓国語学習熱を刺激している。書店の語学のコーナーには、『韓流スターと話すＤＶＤ韓国語会話入門』、『韓流ドラマで始める愛の韓国語』、『『冬のソナタ』で始める韓国語』といった入門書があふれている。

これらの本を笑ってはいけない。ネットのカスタマーレビューはいう。「憧れの、韓流スターが話しかけてくれる、この教材……ファンには、たまらないです。しかし、ハングルの歴史……などから、丁寧に解説してくれたり……素晴らしいと思います」。このように、学習の動機がどのようなものにせよ、韓国語の修得に向かう日本人の数が多くなれば、隣国理解の知的基盤が大衆レベルから整備されることにつながるからである。

テレビで韓国のドラマを見ることはもちろんのこと、さまざまな映像作品がＤＶＤ化されていて、容易に手にすることができる。それらのなかには、「冬のソナタ」のような純愛ものだけではなく、「ロスト・メモリーズ」のような作品もある。この日韓合作の「近未来ＳＦアクション大作」は、伊藤博文の暗殺失敗という歴史的ifのもとで、娯楽作品ではあるけれども、日韓関係の歴史を再考するきっかけになり得るものである。

「ナヌムの家」

今から一〇年ほど前（一九九五年頃）、当時すでに大きな国際問題となっていた「従軍慰安婦」は日本の国家による強制だったか否かを考えるために、元慰安婦をテーマとする韓国のドキュメンタリー映画「ナヌムの家」をゼミ生と見に行ったことがある。

東京の東中野にある独立系のミニシアターだった。私たちはいくぶんかの緊張感とともにそこを訪れた。数日前に右翼関係者が上映妨害の事件を起こした直後だったからである。手荷物検査を受け、支援のためのカンパを募るビラを手にした私たちは、少ない観客のなかで、息を詰めてスクリーンを見守った。元慰安婦の悲惨な生涯を素朴な作りでたどる映像に接した私たちは、韓国があまりにも遠い隣国であることを思い知らされた。

あれから一〇年、今や韓国映画は普通にロードショー公開されている。「韓国」にとくにこだわることもなく、いくつもの映画に私たちは接している。歴史和解のプロセスは、予想以上に進んでいるのかもしれない。

隣国理解の現在

隣国理解の方法は、映画やテレビ、ＤＶＤなどに限らない。今では何のためらいもなく、多くの日本人が韓国を旅行している。韓国を訪れると、私たちは各地で、「韓流」ブームが続く日本からの観光客と遭遇することとなる。コラムニストの勝谷《かつや》誠彦《まさひこ》氏もその一人である。勝谷氏は、その時の状況を辛辣に報告している。「「冬のソナタ」〔の〕舞台に行ってみる。……ここでいましたね。イルボンババアの大集団。……「あたしもなチェ・ジウみたいな顔に生まれとったら人生かわっとったと思うわ」「そうやなあ。ギャハハハハ」どうやら関西の団体だったようで。日本国のアジアにおけるレベル今やこの程度であります」（『勝谷誠彦の××な日々。』二〇〇四年一一月二九日）。

中高年の日本人女性観光客のふるまいは、ほめられたものではない。しかしかつて一九七〇年代に、韓国で妓生《キーセン》パーティに興じる日本人観光客の行状が社会問題化し、抗議運動を引き起こしたり、日本人ビジネスマンが「エコノミック・アニマル」と批判されたりして、日韓関係が悪化したことと比較すれば、今の中高年女性の狂騒ぶりは、ほほえましいくらいである。勝谷氏も「ペ〔ペ・ヨンジュン〕狂いのババアの醜態」と毒づきながらも、「世代を問わずに日韓の交流はここまで深まっているのかと私は今回の旅で認識を新たにした。……日韓はお互いにもはや不可分に相手の存在を必用《ママ》としているのである」と認めている。大衆文化レベルにおける隣国理解は、相互交流の拡大を確実に進めているといってよさそうである。

韓国独立紀念館

しかし問題は別のところにある。たとえば日本人のあなたがソウル市内のホテルに宿泊し、ホテルのフロントで「冬のソナタ」のロケ地への行き方を尋ねるとすれば、すぐに笑顔で教えてもらえるはずである。それでは独立紀念館への道順はどうだろうか。フロントの人は少し困った表情を浮かべながら、ここからは時間がかかるとか、交通が不便だなどといいながら、遠まわしに行かないことを勧めるだろう。

それでも強引に聞き出して指示の通りに出発すれば、バスを乗り継ぐ間に乗客はまばらとなり、郊外へ向かう車中で、あなたは不安な気持ちが募っていくだろう。ようやくたどり着くと、七つの展示館がある。展示室はのぞき窓から中をみるようになっている。

このお化け屋敷と同じ仕かけは、みる者を驚かせるのに十分なものがある。のぞき窓をのぞき込むと、そこにあるのは、日本の官憲が韓国独立運動家を拷問にかけている蠟人形の数々である。まわりの子供たちは恐怖のあまり泣き叫び、大人は何かを固く決意したかのようにみうけられる。

要するに独立紀念館は、韓国のナショナリズムを再生産するための政治的装置である。この独立紀念館が突きつける乗り越えがたい溝の深さは、日韓友好を望む者ほど絶望的な気持ちにさせる。どこかに突破口はあるのだろうか。

隣国理解の反作用

作用があれば反作用もある。隣国理解の場合も同様である。二〇〇五年に『マンガ嫌韓流』が三〇万部のベストセラーになった。小林よしのり氏の亜流のようなこの本を批判することは簡単である。

しかし評論家の唐沢俊一《からさわしゅんいち》氏の書評（『朝日新聞』二〇〇五年九月二五日）が的確に指摘しているように、「その内容の分析よりも、こういう本がベストセラーになるまでに、日本社会の中に嫌韓流という感情が広まっている、という事実を確認するための検証の視点が大事になる」。唐沢氏は「多くのベストセラーがそうであるように、この本も、この本を嫌う人々がまず、試されている」とも述べている。試されているのは私たちである。

しかし私たちは、嫌韓感情を抱く人たちに対して、いまだ説得力のある言葉を見出していない。作用と反作用との間において、私たちの隣国理解は揺れ動いている。

†経済

経済レベルのアジア志向

大衆社会状況のレベルでのアジア志向が、隣国理解をめぐる作用と反作用とによって、ジグザグに進んでいるのと比較すれば、経済レベルでのアジア志向は、ほとんど単線的に拡大している。日本とアジアとの経済的な結びつきは、たとえば表1のような統計データの示すとおりである。

表1　日本と東アジアの経済的な結びつき

	東アジアからの輸入額の依存度	東アジアへの輸出額の依存度
1980年	19.8%	25.7%
2002年	40.0%	41.6%

（出所）渡辺利夫「東アジア経済連携の時代」渡邉昭夫編『アジア太平洋連帯構想』NTT出版, 2005年, 193-194頁.

しかも二〇〇二年の北米からの輸入依存度と北米への輸出依存度は、それぞれ一六・九％と一一・三％である。戦後の経済成長を支えた北米市場への依存は、すでに失われている。ここに日本と東アジア地域との経済的相互依存関係の急速な拡大の事実をみてとることができる（以上の統計データは、渡辺利夫「東アジア経済連携の時代」渡邉昭夫編『アジア太平洋連帯構想』NTT出版、二〇〇五年、一九三―一九四頁に拠る）。

「政冷経熱」

これらの経済統計を背景に、財界トップの発言が相次いでいる。たとえば富士ゼロックス会長（当時）の小林陽太郎《こばやしようたろう》氏は、かつて唱えていた「再アジア化の勧め」をあらためて提起する一方で、首相の靖国神社参拝が「中国国民の感情を逆撫でし、首脳会談の妨げとなっている」と批判している。同様に経済同友会代表幹事の北城《きたしろ》恪太郎《かくたろう》氏は、より直接的に首相の靖国参拝が「日本に対する否定的な見方、ひいては日系企業の活動にも悪い影響が出るということが懸念される」と二〇〇四年一一月二四日の経済同友会記者会見で述べている。

中国を中心とするアジア経済の躍進は、経済的動機に基づく対アジア接近を加速化するとともに、靖国問題をめぐる財界トップによる小泉批判をもたらした。小泉外交下の対中政策では、「政冷経熱」どころか、「政冷経冷」になってしまう。「政熱経熱」までいかなくとも、「政冷経冷」は避けたい。このような危惧の念が、財界人に政治的な発言をさせることとなった。

財界人の発言にみられるように、市場原理や自由貿易に委ねているだけでは東アジアにおける日本経済の発展は望めないのだとしたら、どのような政治的意思によって、東アジアとの経済関係を設定すればよいのだろうか。

『新東亜論』

この課題に対する答えの一つが、アジア経済研究の専門家原《はら》洋之介《ようのすけ》氏による『新東亜論』（NTT出版、二〇〇二年）である。原氏は、アジア経済の現状分析であるはずの自著のタイトルを『新東亜論』としている。『新東アジア論』でよいはずなのに、「東アジア」

ではなく、あえて戦前を想起させる「東亜」という表記にこだわっている点に注目したい。原氏は同書で「空間的には諸文明の衝突が顕在化しており、また時間軸でみれば近代産業文明がたそがれはじめているのが、二一世紀はじめの現代世界である」との現状認識を記している。それでは日本はどうするべきか。原氏は、日中戦争期の論壇で盛んに論じられていた「東亜協同体論」と、日米戦争を正当化するために同時代の哲学者たちが唱えていた「世界史の哲学」とに言及して、「その基本認識は、二一世紀に入って世界秩序が大きく揺れているなかで、あらためて重要性を回帰させている」と強調する。

「東亜協同体論」

ここにいう「東亜協同体論」とは、日中戦争下、近衛文麿《このえふみまろ》首相の助言者集団「昭和研究会」の東アジア新秩序構想のことである。政、官、財界や言論界、学界などから政治的イデオロギー的な立場のちがいを超えて、のべ二〇〇人あまりがこの研究会に集結した。メンバーには哲学者の三木清《みききよし》、中国問題の批評家尾崎秀実《おざきほつみ》、政治学者の蠟山政道《ろうやままさみち》やジャーナリストの笠信太郎《りゅうしんたろう》らが名を連ねている。

「世界史の哲学」

また「世界史の哲学」とは、京都帝国大学文学部における西田幾多郎《にしだきたろう》を中心とする哲学者たちのグループ、「京都学派」によって、日米戦争下において唱えられた世界観のことである。西田門下の高山岩男《こうやまいわお》や高坂正顕《こうさかまさあき》、西谷啓治《にしたにけいじ》、鈴木成高《すずきしげたか》たちは、欧米中心の国際秩序観ではない、独自の世界秩序観が東アジアにあることを主張し、日本の「歴史的使命」を論じることで、戦争を哲学的な観点から正当化した。

「東亜協同体論」や「世界史の哲学」は、侵略を正当化した理念として、戦後、顧みられることがなかった。原氏の意図は、このような戦前のアイデアを二一世紀において蘇らせることにある。

東アジア新秩序

原氏は、一方で東アジア各国の貿易における地域内相互依存関係を、数字によって確認しつつ、他方でこれらの国々の経済の発展段階が多様で、格差も存在していると指摘している。しかも「欧米が世界を主導した時代は、あきらかに終焉している。もはや誰も、とくに非西欧世界は、欧米社会の延長線上に自らの明確な未来像を描くことなどできない」。

このように現状を分析する原氏が注目するのは、これからの東アジアを方向付ける基本原理としての「東亜新秩序」や「世界史の哲学」である。

原氏にとって、「東亜新秩序」とはヨーロッパ近代からの独立を基本原理として構想されたものであり、また「世界史の哲学」とは多様な文化圏が併存する世界新秩序の理念のことである。原氏は、二一世紀の東アジアにおいてこそ、これらの基本原理に基づく新秩序を構想するべきだと提唱する。そうだとすると、私たちは今、戦前を生きているのかもしれない。

もっとも今日の日本が「東亜新秩序」、あるいは「世界史の哲学」を表立って掲げることはできない。その代わりに論じられているのが、「東アジア共同体」である。「東アジア共同体」と「東亜協同体」とが二重写しにみえるようになれば、私たちは近代日本の歴史的経験に学びながら、東アジアの新秩序を展望できるはずである。

†安全保障

「東アジア共同体評議会」

「東アジア共同体」構想は、経済共同体に止まらず、安全保障共同体を志向している。このことを目的意識的に行なっているシンクタンクがある。元外交官で、戦略理論研究家の伊藤憲一《いとうけんいち》氏（元青山学院大学教授）が主宰する日本国際フォーラムを母体とする「東アジア共同体評議会」である。

この評議会の構成は、政・財・官・学界からの立場のちがいを超えた組織横断的なものである。たとえば、会長は中曾根《なかそね》康弘《やすひろ》氏（元首相）で、副会長が柿澤《かきざわ》弘治《こうじ》氏（元外相）、顧問に羽田《はた》孜《つとむ》氏（民主党議員、元首相）といったように、いくつかの政党からの政治家が役職に就いている。財界からも、今井敬《いまいたかし》新日鐵相談役名誉会長、張富士夫《ちょうふじお》トヨタ会長などが顧問となっている。研究者も専門や立場を異にする人々がメンバーである。田中明彦《たなかあきひこ》東京大学教授のようなリアリスト・スクールの研究者もいれば、その「親中」「左傾」姿勢が批判されることもある、中国研究の天児慧《あまこさとし》早稲田大学教授の名前を見出すこともできる。

しかもこの評議会は、単なる政策提言集団ではなく、参与として佐々江《ささえ》賢一郎《けんいちろう》外務省アジア大洋州局長と藪中三十二《やぶなかみとじ》外務省外務審議官の二人を迎えていることからわかるように、外交政策に直接、影響を及ぼすことが可能なパイプを持っている。この評議会の第一回本会議は、二〇〇四年六月に外務省の会議室で開催されている。報告者は田中均《たなかひとし》外務審議官（当時）だった。

このような陣容を誇る「東アジア共同体評議会」は、いわば昭和研究会の現代版といってよい。同評議会は、外務省の作業と並行して、二〇〇五年一二月に開催が予定されていた東アジアサミットに向けて、政策提言をまとめることとなった。

田中教授を主査とするタスクフォースの中間報告において、「内向き路線でも、経済力依存でもない、日本の二〇年後、三〇年後を考えることこそ、日本の最大の国家戦略である」との趣旨説明がなされているように、「東アジア共同体」は、経済共同体の枠を超えた、長期的な戦略目標から組み立てられるものと示唆されている。ここに安全保障政策が意識されていることは明らかである。

事実、最終の政策提言書には「政治・安全保障面の協力」という項目が立てられている。この一節は「伝統的な安全保障面では、日米同盟、米韓同盟などの既存の同盟の枠組みを活用する」、つまり「米国を中心とするハブ・アンド・スポークスの関係を維持」するとの東アジアの安全保障に関する基本的な立場を確認している。その上で「東アジア地域の政治・安全保障の協力は、非伝統的な安全保障面が中心になっている」との認識を示し、「テロや海賊、エネルギー危機、環境破壊、感染症、薬物、人身取引、津波なども脅威の対象に含む」幅広い分野での「非伝統的安全保障協力」を進める、と提言している。

東アジア安全保障共同体

これだけでは、安全保障共同体というほどのこともないかもしれない。しかし同評議会のウェブサイトが「東アジア共同体評議会の見解や意見を代表するものではありません」

と断りながらも、わざわざ次の新聞記事を転載していることを、先の田中主査の長期的な戦略目標という発言とあわせて考えれば、どのような方向をめざしているかがわかるようになる。

その記事とは、同評議会有識者議員の添谷《そえや》芳秀《よしひで》慶應義塾大学教授が『日本経済新聞』(二〇〇五年一一月二八日)に寄稿したものである。ここで添谷氏は、「東アジア共同体」について、「究極は安全保障共同体」と言い切っている。「基礎としての日米同盟に立脚し、その上に中国をも包摂する政策を準備する」過程を経た後、「長期的戦略の到達点として東アジア共同体が想定される」。そうなれば「日米安保は吸収される」と日米安保条約の発展的解消の可能性について言及している。

添谷氏は強調する。「これは決して絵空事ではない」。この東アジア安全保障共同体に関するきわめて明快な政策構想こそ、同評議会がめざす一つの方向であるにちがいない。

「中国の東アジア化」・「日本の東アジア化」

このような東アジア安全保障共同体の実現可能性は、どの程度あるのだろうか。かつての「東亜新秩序」や「大東亜共栄圏」が、当のアジア諸国から受け入れられなかったように、この構想も独りよがりなものにすぎないのかもしれない。ところが中国研究の専門家の分析によると、答えはどうやらYESのようである。

毛里和子《もうりかずこ》早稲田大学教授の研究によると、「おそらくは中国外交当局の考えに近い」清華大学国際問題研究所のグループによって、「東アジア安全保障共同体」戦略構想が打ち出されているという。ちょうど「東アジア共同体評議会」のカウンターパートともいうべきこの研究グループの構想は、台湾問題を議題にしないという点で中国側の原則的立場を確認してはいるものの、既存の二国間軍事同盟とは抵触しないとの前提に基づいて、具体的な内容を伴うものとなっている。

ARF（ASEAN地域フォーラム）を基礎として、朝鮮半島の核問題の解決をめざす南北朝鮮・日米中露による六者協議や民間レベルの専門家によるアジア太平洋安保協力会議などのすでにある東アジアの安全保障メカニズムと組み合わせて、アメリカを含むARFメンバー国と「複合型地域安全保障共同体」をめざす。毛里氏はこれを「中国の東アジア化」と呼んでいる（毛里「中国のアジア地域外交」、渡邉、前掲書）。

中国側の動向がこの通りだとすれば、日中の政策提言グループ間の安保対話は、十分に可能だろう。その上にある日中政府間レベルでも、政策の距離は思いのほか近いのかもしれない。「中国の東アジア化」と「日本の東アジア化」とによって、日中関係が接近する時、東アジア安全保障共同体も成立するにちがいない。

†「亜細亜主義」

「亜細亜主義」宣言

以上にみたように、社会、経済、安全保障などのさまざまな分野における日本のアジア志向を一つにまとめて、それを「亜細亜主義」と名づけたのが、社会学者の宮台真司《みやだいしんじ》氏である。宮台氏は次のように「亜細亜主義」を宣言する。

「アメリカ一人勝ちのグローバル化に抗すべく、弱者連合の思想である亜細亜主義の本義が活《い》かされる時が来た」（『朝日新聞』二〇〇三年八月一八日付夕刊）。

宮台氏は「亜細亜主義」を、「脆弱すぎる国家同士を、文化的類似性をベースにしながら経済的・軍事的に連携させようとの動き」と定義する。この「亜細亜主義」は、宮台氏によれば、一九九九年のＷＴＯ（世界貿易機関）総会に対する世界的な異議申し立てを契機に形成されたという。

アメリカ主導のグローバリズムに対する反対論は、特別に新しいものではない。しかし宮台氏の反グローバリズム論が、あえて漢字表記で「亜細亜主義」と表現されていることには、十分な注意を払うべきだろう。そこには原氏が「東アジア」ではなく「東亜」を論じていることと共通する問題関心が、示されているからである。

宮台氏は、「亜細亜主義」を「弱者連合」とも呼んでいる。一九九〇年代における日本経済の凋落の一方で、韓国・台湾・中国の急成長の結果、これらの東アジア諸国間に経済的な国力の平準化がみられながらも、これらの国々はアメリカに対しては「弱者」である。そうである以上、東アジア諸国が対等な「弱者」の立場から「強者」のアメリカに対抗する連合を形成できる。ここに宮台氏の「亜細亜主義」の要点がある。

さらに宮台氏の「亜細亜主義」は、安全保障上のアジア地域主義のニュアンスが強く感じられる。事実、宮台氏ははっきりと、単なる欧化を廃して経済的・文化的に防衛するためには軍事経済ブロックを作るしかない、と主張している。

「亜細亜主義」への疑問

宮台氏が指摘するように、東アジア諸国の経済的な平準化を認めるとしても、安全保障上の利害関係が異なる日中韓台の四カ国によって、どのような安全保障共同体を構想できるのだろうか。しかもそれがアメリカに対抗するものであるとすれば、いよいよ実現の可能性は失われていくと考えられる。

またこの「弱者連合」が「文化的類似性をベース」にしていることにも、疑問が湧き起こってくる。宮台氏によれば、「亜細亜主義」は、アニメや音楽などのサブカルチャーを共通の基盤としている。このようなサブカルチャーの共有の上に、政治的な「弱者連合」、あるいは「軍事経済ブロック」が成立するのだろうか。

アメリカ批判の高まり

しかし以上の疑問にもかかわらず、宮台氏の「亜細亜主義」を無視できないのは、二〇〇一年の9・11テロ後のアメリカ批判の高まりが、日本においてはアジア志向に結びついているからである。宮台氏は岡倉天心《おかくらてんしん》の「アジアは一つ」に「同じパワーズ（欧州列強）に屠《ほふ》られんとする弱者としての、共通の感情的前提」という解釈を与えている。これを「アジア主義」と名づけるならば、今日の日本において、「アジア主義」は広範な支持を獲得する可能性がある。

9・11テロ後イラク戦争を経て、日本でもアメリカ批判が勢いを増した。この間のアメリカ大統領選挙の前後に、ブッシュ大統領を揶揄するいくつもの書籍が、書店の棚を占め続けた。「世界一危険なバカ」、あるいは「独裁者」として、ブッシュ大統領が風刺の対象となったことは、私たちの記憶に新しいところである。

日本国内における対米批判は、今後、急速に拡大するかもしれない。そのきっかけの一つとなり得るのが、関岡英之《せきおかひでゆき》『拒否できない日本』（文春新書、二〇〇四年）の刊行である。

このタイトルは、明らかにかつてのベストセラー『NOと言える日本』を意識している。また実際にこの本の帯には、『NOと言える日本』の著者の一人、「石原慎太郎氏激賞」と記されているように、その趣旨は同じと考えてよい。

関岡氏はなぜ反米批判を強めるようになったのだろうか。関岡氏はある時、偶然、アメリカ政府の公文書『年次改革要望書』を目にする。その内容を読むと、「慄然とするほど広い範囲にわたって、わたしたちの国に対するアメリカの内政干渉がいかに以前から、いかに根深く構造化されているか、語るべき言葉を失うほど」だったという。建築基準法から商法に至るさまざまな法律の改正や司法制度改革、規制緩和と新たな規制措置、これらはすべて、国益追求のために、アメリカが日本に要求して実現した。このように指摘して、関岡氏は副題にあるとおり、「アメリカの日本改造が進んでいる」と日本国民に警鐘を鳴らしている。

異質な国アメリカ

こうなるとアメリカが「厄介で迷惑な隣人」になる日も近い。コーヒーを自分の不注意でこぼしてやけどをしたのに、マクドナルドに多額の損害賠償を請求する訴訟社会のアメリカという国は、日本とはどこか根本的なところで相容れない異質な国なのではないか、と日本人ならばだれもが首を傾げるのではないだろうか。こうした小さな疑問が日米関係全体に波及するようなことにでもなれば、「世界の三分の二が反米」というのは、日本も例外ではないということになるのかもしれない。

そうなれば私たちの目は、自然とアジアに向けられるだろう。もっとも、宮台氏のいうように、アジアとの結びつきがほとんどサブカルチャーだけというのでは、いかにも心もとない。

「共通文化圏」

しかし東南アジア地域研究の専門家白石隆《しらいしたかし》氏の議論を援用すると、戦後日本における中産階級の形成が、順次アジア地域に波及し、そこに成立した大衆消費社会や文化商品市場の拡大などによって、東アジアに「共通文化圏」が確立しつつあるという。白石氏はいう、この「共通文化圏」を基礎として「どのようなアジア主義のプロジェクトを構想するか、それはこれからの政治の課題である」(白石「東アジア地域形成と「共通文化圏」」添谷芳秀ほか編『日本の東アジア構想』慶應義塾大学出版会、二〇〇四年)。ここに「アジア主義」は、すぐれて今日的な日本外交の政策課題となった。

2 「東アジア共同体」と「アジア主義」

†「東アジア共同体」構想

この課題に対する小泉外交の答えが「東アジア共同体」だった。小泉首相は就任後ほどなくして、二〇〇二年一月、シンガポールで初めて「東アジア共同体」に言及し、東アジア諸国と「共に歩み共に進む」ための共同体の構築を提唱している。このシンガポールスピーチを皮切りに、翌年、ASEAN特別首脳会議の東京宣言で、「将来の東アジア共同体構築へのコミットメント」を表明し、翌〇四年の国連総会一般討論演説において、ASEAN＋3（日中韓）の基礎の上に立つ「東アジア共同体」構想を提唱する。そして〇五年の国会施政方針演説では、「多様性を包み込みながら経済的繁栄を共有する、開かれた「東アジア共同体」の構築に積極的な役割を果たしていく」決意を表明した。こうして年を追うごとに、「東アジア共同体」構想が具体的な姿を現わすようになっていった。

外務省はこの年（〇五年）一〇月に、「東アジア共同体構築に係る我が国の考え方」をまとめる。これを一二月に開催予定の東アジアサミットで披露しようというのだった。この文書は、三つの基本的立場を表明している。

1「開かれた地域主義」の原則

2　機能的アプローチによる協力推進

3　普遍的価値の尊重、グローバルなルール遵守

一般に国民向けの政府の政策文書がそうであるように、これも反論の余地を与えないところまでもっともな文言で構成されている。しかし「東アジア共同体」をめぐるパワーゲームの現実を直視すれば、これらは単なる政治的スローガンになってしまう。もちろんそれを外交当局がわからないはずはない。おそらくはより明確な基本方針を持ちながらも、公にすることを慎重に回避しているのだろう。

†外務省の真のねらい

外務省の真のねらいがどこにあるかは、間接的に知ることができる。この文書が公になったのと同じ月の号で、外務省系の月刊誌『外交フォーラム』が特集「東アジア共同体形成に向けて」を組んでいる（二〇〇五年一〇月号）。これは偶然の一致ではないだろう。一二月の東アジアサミットを視野に入れて、国民世論を啓発する意図があったと推測される。巻頭論文は田中均「二一世紀日本外交の戦略的課題」である。「前外務審議官」として

の田中氏の論考は、個人の責任において発表されたものとはいえ、外務省の立場と無関係とは考えにくい。これを読んでみると、「東アジア共同体」に関する田中氏の議論は、外務省の公式の立場から逸脱するものではないことがわかる。しかし重要な例外が二つある。もう一つは、「東アジア共同体」のメンバーからアメリカを除外している点である。もう一つは、日中提携を強調している点である。

第一の点について田中氏は、「米国など東アジア地域の将来に致命的な影響を有する国との間では、何らかの形で意思疎通を常時図るメカニズムが必要」と念押ししながらも、「東アジア共同体」の構成国をASEAN＋3（日中韓）とインド、オーストラリア、ニュージーランドとすることが「常識的ではなかろうか」との立場を明らかにしている。外務省の基本的な立場が「開かれた地域主義」ではあっても、地域主義である以上、構成国に関する何らかの線引きが必要である。田中氏はその線をアメリカとの間に引いたといえる。

第二に、田中氏は「ビジョンを実現していくために日本としてのコストは支払う覚悟がなければならない。日中関係の再構築なくして東アジア共同体を語ってもあまり意味がない」と、東アジア地域の安定のためには、とくに日中関係が重要であると強調している。アメリカを除外して日中主導で「東アジア共同体」を構築すること、これを「アジア主義」と呼んだとしても、先の「東アジア共同体評議会」の議論と重ねあわせれば、牽強付会とはいえないのではないか。これからの日本に「アジア主義」的な外交政策があるとするならば、それは以上の議論を出発点として形作られるにちがいない。

†二〇〇五年春の反日デモ

日本外交が「東アジア共同体」の構築に向けて、政策を具体化する作業を進め始めた時、偶発的な出来事が起きた。二〇〇五年春の隣国における反日デモである。三月に韓国で始まったデモは、四月に中国へと波及した。ちょうど一九一九年三月一日に起きた朝鮮民族の独立運動、三・一運動が同じ年の五月四日の中国における民族独立運動、五・四運動との共鳴作用をもたらしたように、反日デモは東アジア全域に拡大するかにみえた。しかし北朝鮮はほとんど沈黙を守り、韓国のデモもほどなくして鎮静化した。反日デモは、もっぱら中国で激しさを増していく。

中国の反日デモは、まったくの予想外の事態ではなく、前兆があった。前年のサッカー・アジアカップにおける反日騒動や、西安での日本人留学生による交歓のための寸劇が、民族を侮辱するものとして、思いもよらない大問題になったことなどである。日本側からみれば些細なことであっても、関係悪化につながるような日中対立の火種がまかれていた。

そのもっとも大きなものが、首相の靖国神社参拝問題である。八月一五日の靖国参拝を事実上の公約に掲げた小泉首相は、八月一五日ではなかったものの、毎年一度必ず靖国神社を参拝している。これに対して中国政府は、A級戦犯を合祀する靖国神社への小泉首相参拝に、一貫して反対の態度を表明し続けた。

前年のAPECの際に開かれた日中首脳会談の席上、小泉首相は「適切に判断する」と述べて、了承される。しかしこれは中国側にとって、「適切に判断」して靖国参拝を見合わせるという意味だった。ところが小泉首相は、「適切に判断」して、靖国参拝の政治的なタイミングを見計らうようになる。ここに中国の反日デモが勃発した。

†反日デモ批判

首相の靖国参拝問題をめぐって、日本国民の意見は、賛否ともに約四〇%と、どちらも過半数を占めるには至らない範囲で拮抗している。この数字を前提とする限り、中国の反日デモがもっぱら靖国参拝への反対だったとすれば、日本国民の四〇%ぐらいは理解を示してもよさそうなものである。ところが新聞の世論調査によれば、『読売新聞』では九二%、『朝日新聞』でも七一%が中国の反日デモを批判している。靖国参拝に反対する人でも、反日デモを批判する人のほうが、そうでない人よりも圧倒的に多かったことになる。

国民が中国批判を強めたのは、反日デモが自然発生的なものだったと同時に、「官製デモ」だったことが明らかになったからだと考えられる。テレビに映し出される、警官に護衛されてデモ行進し、笑いながら大使館に投石する姿をみた日本の国民は、あらためて隣国の政治体制がどのようなものであるかを理解したにちがいない。しかもデモ隊のプラカードに、「日本の安保理常任理事国入り反対」との趣旨が記されているのを見逃さなければ、このデモの意図がどこにあるかは容易に知ることができた。ナショナリズムを動員しながら、共産党政権の正統性の基盤を確保する一方で、日本の安保理常任理事国入りに反対するという中国当局の姿勢は、中国に対する不信感を強めることとなった。

中国の反日デモに対する日本国民の批判は、「東アジア共同体」批判につながった。「東アジア共同体の幻想を捨てよ」といった見出しが、月刊誌の紙面を飾るようになる。また一部の雑誌では、田中均氏に対するほとんど個人攻撃のような形で、外務省批判が展開された。外務省が主導する「東アジア共同体」構想は、大きな壁にぶつかることとなった。

†「反日デモ」と「アジア主義」

「東アジア共同体」構想に急ブレーキをかけた日中対立は、よくみると対称的な関係であることがわかる。中国側で、自発的にあるいは動員されて、反日デモを行なったのは、若い世代である。同様に日本側でも若い世代の方が隣国批判を強めている。しかも彼らは日中いずれも、歴史教科書ではなく、テレビや新聞などのメディアの情報をもとに隣国認識を形成し、それがネットの世界を駆けめぐっている。このことは、図らずも日中間においても、「共通文化圏」が成立していることを裏書きしているといえる。

しかも中国の国民世論は、「反日」であると同時に「反米」でもある。9・11テロに対して、中国国民の平均的な反応は、表向きのテロ反対とは裏腹に、「自業自得」といったシニカルなものだった。それは底流となって、今日まで続いている。他方で日本でも、「親米」というよりは対米従属的な小泉首相の外交姿勢に対する懐疑が生まれた。日中は、客観的には「反米」で相互に接近しつつある。

以上要するに、二〇〇五年の反日デモをめぐる日中対立によって明らかになったのは、「アジア主義」の成立に必要な基礎的条件の整備が進んでいるということだった。

†ダメージコントロール外交

反日デモによって「東アジア共同体」構想が受けたダメージをコントロールするために、日本外交は関係修復に乗り出す。反日デモの完全な収束をみる前に、小泉首相は、バンドン会議五〇周年に当たるこの年のアジア・アフリカ首脳会議に出席する。小泉首相の演説は、一〇年前の村山（富市）首相談話を直接引用して、アジア諸国に対する「反省とおわび」を表明するものだった。

隣国との関係修復を模索する外交は、国内から新たな支援を受けることができた。六月末の天皇・皇后のサイパン島訪問である。おそらくは外務省と宮内庁との連携によって実現したと思われるこの「皇室外交」の目的は、「先の大戦で命を失ったすべての人々を追悼」することにあった。この目的にふさわしく、訪問先は「バンザイ・クリフ」、「おきなわの塔」、「太平洋韓国人平和塔」、「アメリカ慰霊公園」などだった。

その上で小泉首相は、八月一五日に談話を発表する。「内外のすべての犠牲者」を追悼するとの文言は、明らかに天皇・皇后のサイパン島訪問を念頭に置くものだった。さらに「反省とおわび」を繰り返し、中韓とともに「地域の平和維持と発展をめざす」との決意を述べて、小泉首相はこの日の靖国参拝を見送った。

「戦後六〇年」をめぐる中韓の反応は、平穏だったといえる。八月一五日の韓国大統領の談話には、直接的な日本批判はなかった。九月の中国における「抗日戦争勝利六〇周年」の記念セレモニーにおいても、日本批判は抑制的で間接的なものに止まった。さらに反日デモが再燃することもなかった。

しかしダメージコントロール外交が成功したわけではない。当時、九月に開催予定の朝鮮半島をめぐる六者協議に関する水面下の交渉が難航していた。日中韓の共通利益である六者協議の進展を優先させた結果、中韓は対日批判を控えたというのが真相だったと推測できる。

事実、九月に六者協議が再開され、さらに一一月の協議に向けて交渉が軌道に乗り出すと、かえって対立が顕在化していく。日中間のハイレベルの会談は、中止されたままだった。日韓では一一月一八日に首脳会談が開かれたものの、韓国側は八月一五日の談話では言及がなかった靖国参拝問題を取り上げて、「韓国への挑戦」であると警告し、竹島の領有権問題や歴史教科書問題で日本を批判した。

六者協議のように共通の利益を追求する過程で、歴史和解が進むかにみえた。しかし、現実には大きな壁が行く手をさえぎっていた。一二月に日本は東アジアサミットで「東アジア共同体」構想を提起したものの、これでは真の賛同を得ることができなかったのは当然だった。日本の「アジア主義」外交は、「東アジア共同体」構想とともに、挫折を余儀なくされることになるのだろうか。

†アジア主義の持つ両面性

おそらくそうではないだろう。戦前におけるアジア主義外交の台頭は、満州事変を直接のきっかけとしている。このように日本のアジア主義は、アジアとの連帯を求めながらアジアを侵略するという、二律背反的なものだった。戦後において、戦前のアジア主義の再評価を試みた中国研究者の竹内好《たけうちよしみ》は、この二律背反的な対外思想に日本のアジア主義の本質を見出した。「連帯」を肯定し「侵略」を否定するのではなく、これらをアジア主義の持つ両面性と認めた上で、竹内はアジア主義の可能性に賭けたのである。

今日の私たちが求められているのも、竹内の決意と同じものであるにちがいない。アジアを侵略した過去を持つ日本がアジアとの連帯を求めることに、すでに矛盾が胚胎している。それでも私たちは、アジア主義と正面から向かい合わなければならない。

戦争責任・戦後責任に関する文芸評論家の加藤典洋《かとうのりひろ》氏による問題提起の書『敗戦後論』の冒頭に引用されている「きみは悪から善をつくるべきだ／それ以外に方法がないのだから。」というエピグラムは、私たちが日本とアジアとの外交関係を考える場合にも当てはまると考えるからである。

†一九三〇年代の現在性

この本は、今日の「アジア主義」を考えるに際して、一九三〇年代の現在性ということを強調している。なぜならば、社会、経済、安全保障、政治などのさまざまな分野のアジア志向は、相互に無関係のようでありながら、同じ一つの「アジア主義」志向のようにみえるからである。

しかし多くの人が、一九三〇年代のアジア主義から歴史の教訓を学ぶことに、ためらいや疑問を感じるにちがいない。宮台氏は、戦前のアジア主義に豊かな可能性があったと認めながらも、それが戦後に継承されなかったのは、「GHQによってタブー化され」たからだと主張する。

一九三〇年代のアジア主義は、軍国主義と分かちがたく結びついている。占領軍は、戦後日本の非軍事化を最優先したのだから、アジア主義を「タブー化」したという解釈は、十分な説得力がある。占領軍の巧妙な検閲についてはよく知られているとおりである。

もっとも独立回復後も「タブー化」が続いたのだとすれば、別の説明が必要になる。「戦後の日本は、戦前を全面的に否定した上で、ゼロから再出発し、今日に至る平和と繁栄、民主主義を確立した」。このような歴史感覚が私たちにも共有されていることによって、一九三〇年代のアジア主義の歴史的経験は継承されなかったのではないか。

この本では、一九三〇年代のアジア主義の知的挑戦と政策構想を再発見することによって、私たちが継承すべきアジア主義の歴史的経験とはどのようなものかを明らかにしつつ、同時にこれからの日本の外交政策に示唆するものは何かを具体的に考えてみたい。一九三〇年代とは、今とは無関係な遠い過去のことではないのだから。

©毎日新聞社

第２章

「アジア主義」外交はどのように形成されたのか

石原莞爾（1889〜1949）

陸軍軍人。日蓮宗を信仰した。日蓮の予言に示唆を得て、将来の世界戦争が国家総力戦となり、世界最終戦争ののちに永久的な平和が訪れるという思想を唱えた。

第２章　関連年表

1927 年（昭和 2）	3 月 24 日	南京事件
1929 年（昭和 4）	7 月　2 日	浜口(雄幸)民政党内閣成立(外相幣原喜重郎)
	10 月 24 日	世界恐慌始まる
1930 年（昭和 5）	4 月 22 日	ロンドン海軍軍縮条約調印
	5 月　6 日	日中関税協定成立
	11 月 14 日	浜口首相，狙撃され重傷
1931 年（昭和 6）	1 月 23 日	松岡洋右政友会議員，衆議院で「満蒙は日本の生命線」演説
	4 月 13 日	浜口内閣総辞職
	4 月 14 日	第 2 次若槻(礼次郎)民政党内閣成立
	6 月 27 日	中村大尉事件(中村震太郎大尉，中国軍人によって殺害される)
	9 月 18 日	満州事変勃発
	9 月 21 日	朝鮮軍，満州への独断越境
	9 月 24 日	政府による不拡大方針の声明
	10 月　8 日	関東軍，錦州爆撃
	10 月 17 日	10 月事件(クーデタ未遂事件)
	10 月 24 日	国際連盟，撤兵勧告案可決
	11 月 21 日	協力内閣構想の公表
	12 月 11 日	第 2 次若槻内閣総辞職
	12 月 13 日	犬養(毅)政友会内閣成立
1932 年（昭和 7）	2 月 29 日	国際連盟調査団（リットン調査団)，東京着
	3 月　1 日	満州国建国
	3 月　9 日	溥儀，満州国執政に就任
	5 月 15 日	5・15 事件．翌 16 日，犬養内閣総辞職
	5 月 26 日	斎藤(実)内閣成立
	6 月 14 日	衆議院，満州国承認要求決議
	8 月 25 日	内田(康哉)外相の「焦土外交」演説
	9 月 15 日	日本の満州国承認
	10 月　1 日	リットン調査団，日本政府に報告書を通達

1　アメリカかアジアか

†この章の課題

昭和六（一九三一）年九月一九日の早朝、ラジオの臨時ニュースが、中国東北部、満州の奉天近郊で、前日に発生した日中両軍の軍事衝突を伝えていた。

現地では、関東軍参謀石原莞爾《いしはらかんじ》らが期待と不安を抱きながら、この謀略をきっかけとする軍事作戦を指揮していた。期待とは、満州に、対ソ戦のための戦略的拠点であると同時に、アジア人のためのアジアの「王道楽土」を築くチャンスのことである。

しかし不安もあった。天皇の裁可が得られるだろうか。石原たちからみると、前年にロンドン海軍軍縮条約の締結に成功した民政党内閣に対する天皇の信任は厚かった。彼らの前には、政党政治と協調外交の厚い壁が立ちはだかっていた。

もう一つ不安があった。国際連盟やアメリカの反応である。国際連盟とアメリカが対日経済制裁に踏み切れば、昭和恐慌にあえいでいた日本経済はひとたまりもない。「王道楽土」どころではなくなる。

それでも現地軍は、満州事変の拡大に賭ける。石原たちの野望は果たされるのか？　そして日本外交の運命は？　この章では、「アジア主義」の起点となった満州事変とは何だったのかを考えてみたい。

†戦前の対米協調と戦後の対米協調を比較する

戦後の対米協調路線は、「平和憲法」と日米安保条約を前提としている。他方で戦前の対米協調路線は、明治憲法の下で、アメリカとの二国間同盟関係がなかったにもかかわらず、確立した。

このように比較すれば、「戦後の日本外交は、自主的に対米協調を選択した」とはとてもいえない。「平和憲法」はアメリカから「押しつけ」られたものであり、日米安保条約は、戦勝国アメリカと敗戦国日本との不平等な軍事同盟関係だったからである。

これとは対照的に、戦前の対米協調路線は、すぐれて自主的な外交選択の結果だった。日本は、第一次世界大戦の戦勝国として、それにふさわしい地位を獲得している。たとえば創設された国際連盟において、常任理事国のポストを手に入れた。あるいはその海軍力は、米英との軍縮条約が必要となるまでに拡張していた。すでに帝国主義的な権益を確保していたことと考え合わせれば、国際的な地位を飛躍的に向上させた日本は、自主的で対等な外交の展開を可能とする国力を備えていたといえる。戦前の対米協調路線は、このような日本外交の自主的な判断の結果として選択されたものだった。

†なぜ戦前の外交は対米協調を選択したのか?

戦前の日本外交が対米協調を基軸としたのには、いくつかの理由があった。

第一は、対米協調による国益の追求である。第一次世界大戦のゆくえを決定づけたアメリカが主導する戦後国際秩序は、軍縮と多国間条約とによって形成された。日本が国益を確保するためには、このようなアメリカと協調することが必要だった。

第二は、外交と国内政治との相互補完関係である。一九二〇年代は、政党政治の確立期だった。日本の政党政治は、アメリカなどの欧米の二大政党制を模範としていた。政党勢力は、自己の立場の重要性を主張するために、アメリカとの結びつきを強調することとなった。他方で対米協調外交を進める外交当局は、政党からの支持を必要としていた。ここに対米協調外交と政党政治とは、相互補完関係のなかで展開する。

第三は、平和的発展の可能性である。第一次世界大戦後、軍事力の役割が相対的に低下し、代わりに経済力が国力の中心となった。世界は、経済的発展に基づく平和的発展の可能性の時代を迎えたかにみえた。日本も同様である。日本にとってアメリカは、もっとも大きな輸出市場であり、アメリカにとって日本は、アジアにおけるもっとも「安全・有利・確実」な投資先となった。アメリカとの経済的相互依存関係の進展が日本の平和的発展をもたらす。この観点からも日本外交は、対米協調を追求していく。

戦前日本の対米協調外交は、昭和五(一九三〇)年のロンドン海軍軍縮条約の調印によって、その頂点に達する。この年二月の総選挙で、九八の議席数増、六〇%に近い議席占有率を得た民政党の浜口《はまぐち》(雄幸《おさち》)内閣が、国民の圧倒的支持を背景に、海軍などの反対を押し切って、この軍縮条約の批准に成功したからである。

†なぜ国民は民政党内閣を支持したのか?

他方でこの民政党内閣は、昭和恐慌の責任を「世界恐慌の余波が原因だ」と、外部に転嫁し、国民の経済的困窮に冷淡な態度をとっていた。

しかし国民は民政党を支持している。なぜだろうか?

小泉(純一郎)内閣の時代を目撃した私たちは、この疑問を容易に解くことができる。「痛みを伴う改革」を掲げる小泉内閣は、国民にデフレ経済下のいっそうの負担、リストラ、賃金カットなどを求めた。それでも国民の支持は衰えなかった。「失われた一〇年」からの脱却を小泉政治に賭け続けたからである。

同様に民政党内閣も、公共事業の削減、「官吏減俸」などの緊縮財政を基本とする金融・財政政策によって、恐慌を克服しようとしていた。緊縮財政は、軍事費も聖域ではない。ロンドン軍縮条約は、この観点からも欠かせなかった。このような恐慌克服プログラムが当面いっそうの犠牲を強いるものではあっても、やむを得ないとして受け入れながら、国民は、民政党内閣の可能性に賭けた。このように推論してまちがいなさそうである。

†民政党内閣の外交と小泉内閣の外交

小泉内閣と民政党内閣は、対米協調を基軸とする外交という点でも類似点がある。しかし外交で比較すると、近隣外交に関して、両者には大きなちがいがある。

小泉首相は、在任中最後になる年頭記者会見（二〇〇六年一月四日）で、靖国神社参拝は「心の問題」であり、「外交問題にはならない。中韓が交渉の道を閉ざすことがあってはならない」と中韓を批判し、「外国政府が心の問題にまで介入して、外交問題にしようとする姿勢も理解できない」と反発した。小泉政権下での近隣外交は、改善されないままに終わりそうだった。

これとは対照的に、民政党内閣の幣原喜重郎《しではらきじゅうろう》外相は、昭和六年一月の議会演説で、中国政府が条約改正問題に取り組んでいることを肯定的に評価して、次のように述べている。

「我国が曾《かつ》て国際的不平等の地位より躍進したると同様の経路を履むものでありまして、吾々は衷心より斯かる努力の成功を祝福せざるを得ませぬ」。

昭和六年は、明治国家の外交努力と重ね合わせて、近代的な統一国家としての中国が列国と対等な国際的地位を確立しつつあることを寿《ことほ》ぐ日本の外相の演説で始まったのである。

民政党は、先にふれた総選挙に際して、公約の一つに「対支親善」を掲げていた。スローガンとして「親善」を唱えることは容易である。しかし政策上の裏づけを与えるのはむずかしい。民政党内閣の幣原外交は、日中関税協定を昭和五年五月に成立させて、公約の部分的な実現を果たした。不平等条約を改正し国家的独立の確保をめざす蔣介石の中国国民政府との間で、中国の関税自主権を認める日中関税協定の締結は、「対支親善」を掲げる民政党内閣の外交政策としてふさわしかった。

幣原外交は、さらに治外法権撤廃問題に取り組もうとする。条約改正問題で半歩でも列国より先に進みたいと考えたのは、一方では中国の脱植民地化は避けがたいとの認識があったためであり、他方では帝国主義的な権益の維持を図ろうとしたためだった。中国の脱植民地化要求が満州にまで及んだとしても、条約改正問題であらかじめ実績を上げておけば、外交交渉によって問題を解決することができる。この観点から幣原外交は、日中提携外交を展開することとなった。

問題は中国側の反応である。幣原外交の日中提携論は、ひとりよがりのものにすぎなかったのか、それとも可能性があったのだろうか。

蔣介石の国民政府は、幣原外交の再登場を歓迎した。それには理由があった。幣原外交が最初に登場した時、南京事件が発生している。一九二七年三月に、中国軍が列国の領事館などを襲撃した事件のことである。英米が軍艦の砲撃をもって圧迫したのとは対照的に、日本側は、幣原外交の下で、交渉による解決をめざした。

浜口内閣．右から若槻礼次郎，浜口雄幸，小橋一太，財部彪，幣原喜重郎，安保清種．軍部の反対を押し切って軍縮条約に調印したため，統帥権干犯問題を起こした．

この措置に蔣介石は、「日本の苦衷と好意」に感謝しつつ、ある「腹案」を示したという。それは師である孫文の「中日締盟」構想を実現させたいというものだった。英米とはちがって、日本は中国の国民革命を支持している。蔣介石はこのように受け止めた。

したがって幣原外交の再登場は、日中同盟構想の復活を意味した。しかもようやく国内統一を成し遂げたばかりで、政治的、経済的、社会的、軍事的な国内基盤が弱い蔣介石政権にとって、満州権益の回収は、容易なことではなかった。幣原外交の日中提携論は、中国側からみても、具体的な可能性があったといってよさそうである。

以上にみたように、民政党内閣の外交は、一方では海軍軍縮条約の締結を通して対米協調をゆるぎないものとしながら、他方では日中提携を進めるという、対米協調と日中提携との両立をめざすものだった。

†どちらの外交を評価するのか?

このことの歴史的意義は、次のように表現するとわかりやすいかもしれない。小泉外交が対米基軸といってもほとんど対米一辺倒で、中国などのアジア諸国との関係改善に消極的だったのとは異なって、民政党内閣の外交は、対米協調と日中提携とを同時に追求した。どちらの内閣も、経済的な危機のなかで外交の舵取りを迫られたが、少なくとも外交指導力に関してならば、民政党内閣をより高く評価したくなる。

昭和五年から六年にかけての民政党内閣の外交から、当時、満州事変が起きることを予測するのは、むずかしかったにちがいない。中国側は、何らかの事件が発生する暗い予感を抱きながらも、せいぜい散発的な挑発行為程度で、満蒙既得権益の擁護の範囲に止まるものと楽観していた。この楽観を支えていたのが、幣原外交に対する信頼だった。

2 「アジア主義」的対外路線の台頭

†だれが危機感を抱いたのか？

幣原外交と同じような日中関係の現状認識に立ちながら、そこに危機感を募らせた勢力が日本側にはあった。

第一に、在満日本人である。日中提携気運の高まりのなかで、満蒙問題が交渉によって解決されることにでもなれば、彼らの立場は危うくなる。彼らは、本国政府が中国本土全体という市場《マーケット》を守るために、南満州鉄道とその沿線・付属地という地理上、細長くて狭いばかりの権益を犠牲にするのではないかと心配した。

第二に、政友会の一部である。民政党が中国本土との通商貿易関係を重視していたのに対して、政友会は、満蒙資源の開発に大きな関心を持っていた。政友会からすれば、民政党内閣の下では、満蒙は見捨てられたかのようだった。事実、満蒙に対する国民の関心は失われていた。

第三に、現地軍（関東軍）である。彼らにとって満蒙は、対ソ戦のための戦略的拠点であり、また軍事的資源の供給地だった。その満蒙が中国に回収されることは、あってはならないことだった。

以上の三つの勢力は、この年（昭和六年）の政友会議員松岡洋右《まつおかようすけ》による議会演説「満蒙は日本の生命線」をきっかけとして、国民世論に対して具体的な危機を訴えるようになった。満蒙の危機は、「生命線」がこの年の流行語となるまでに流布され、急速に国民に浸透していく。

しかし満蒙問題の軍事的解決が容認されたわけではない。この年の六月に、参謀本部の中村震太郎《なかむらしんたろう》大尉が中国軍人によって殺害される事件（中村大尉事件）が起きた。関東軍は軍事力による解決を主張したものの、陸軍中央から拒絶されている。彼らの前には、政党政治と協調外交の厚い壁が立ちはだかっていた。

†現地軍にとって中国とは何だったのか?

以下では、三つの勢力のなかで主に現地軍が、この壁をどのように突き崩していったのか、また政党内閣の協調外交に対抗する際に、どのようにアジア主義的な外交思想を動員したのかを明らかにする。

最初に強調したいのは、現地軍にはアジア主義的な発想がまったくなかったことである。

たとえば関東軍参謀石原莞爾は、満州事変の前年に次のように記している。

支那は統一するものにあらず／支那民族を救う天職は日本にあり／支那を救うための根拠地として満蒙

翌年、石原は、この認識から日本の満蒙領有を正当化している。

支那人が果して近代国家を造り得るや頗る疑問にして寧ろ我国の治安維持の下に漢民族の自然的発展を期するを彼等の為幸福なるを確信するものなり

ここには中国のナショナリズムへの理解はほとんどない。幣原外相の中国観とは一八〇度異なっている。中国非国論の系譜を引く石原の中国観は、明らかに時代に逆行するものだった。

彼らの目的は、対ソ戦のために満蒙を戦略的拠点・軍事的資源の供給地として確保することにある。満蒙を自由にできるようにするためには、たとえ時代に逆行するものではあっても、植民地として支配する以外になかった。植民地支配、つまり満蒙領有論は、石原たちの年来の主張である。石原は昭和六年の夏の段階でも、独立国家ではなく、謀略によって占領すべきとの立場をとっていた。「軍事占領後満州に我操縦に便なる独立国を建設して保護国となす考は不可なり」。要するに石原は、満州国を作りたくなかった。軍事戦略家としては当然の判断だった。

しかしたとえ軍事戦略としてはどれほど合理的であろうと、実現するとは限らない。その戦略が時代に逆行するものであれば、なおさらそうである。

私たちは、武装集団である軍部がその気になれば、大抵のことが可能で、一度、暴走を始めれば、止めることはできないと思っている。

ところが当の現地軍がそうは思っていなかった。彼らには絶対に服従しなくてはならない存在があった。大元帥としての天皇である。満蒙領有をめざして軍事作戦行動を実行に移しても、天皇が認めなければそれまでである。その天皇は、前年のロンドン海軍軍縮条約を事実上、支持していた。昭和天皇は、政党政治を基礎とする国内政治を補完するためならば、積極的な役割を果たす。そのような立憲君主としてふるまおうとしていた。

関東軍が満州で謀略を起こすということは、立憲君主国の政党政治に挑戦するということである。関東軍は、規模が小さく、作戦遂行のためには本土からの増派を必要としていた。その関東軍が具体的な行動に踏み切ったとしても、作戦・用兵に関する大権を握る天皇は、容認しないかもしれない。そうなれば関東軍は、たちまち立ち往生してしまう。天皇の信任を得ていた政党政治と国際協調外交の厚い壁が、彼らの前にそびえ立っていた。

それでも彼らは、巧妙な政略と戦略との組み合わせによって挑戦する。それは一方では政党政治に打撃を与えながら、他方では現地で軍事的謀略を敢行するというものだった。

†対抗原理としての「アジア主義」

彼らは、国内から政治的な援軍を得ることができた。民政党内閣に対抗する勢力が、テロやクーデタの非合法手段に訴えることで、国内体制の変革を画策していたからである。そしてテロは実行された。昭和五年の浜口雄幸首相の暗殺未遂事件である。クーデタは風評だけでも十分、政治的な効果があった。昭和恐慌に無策で、政治的腐敗がひどい政党政治に対するクーデタであれば、国民の支持を得られるかもしれなかったからである。

彼らは、軍事戦略上も民政党内閣の外交に挑戦する。民政党は自ら、幣原外交は「定石外交」である、と称していた。対米協調を基軸とする外交は、今も昔も「定石外交」であり、代わり映えはしないものの、否定することがむずかしい。

この「定石外交」に対する対抗原理として動員されたのが、「アジア主義」である。「定石外交」とは、外務官僚主導のエリート主義外交ということでもある。対米協調とエリート主義の組み合わせの外交に対する批判は、「アジア主義」と反エリート主義という土着的な外交の形をとることによって、国民世論の支持が調達可能となった。

これは「アジア主義」で擬装した満蒙領有論にすぎなかった。しかし単なる植民地主義と割り切れない何かがあった。少なくとも戦前生まれの世代は、このような歴史感覚を今も引きずっているようである。

著名なジャーナリストで、「朝まで生テレビ！」や「サンデープロジェクト」などのテレビ番組の司会者としてもよく知られている田原総一朗《たはらそういちろう》氏は、日本の戦争をテーマとする著作のなかで、満州事変が軍事戦略上の都合から引き起こされたことを確認した上で、次のように記している。「わたしはあらためてためらいを覚える。「満州領有」を「大いに問題あり」だと決めつけたことに、である」。田原氏は「当時の人間になって考える必要はないだろうか」と疑問を投げかけて、「満州の三〇〇〇万民衆の幸せを保証するためには、事実上日本が支配するしかない、と石原たちが考えるのも必ずしも唐突ではないともいえる」との考えを、ためらいがちにではあるが、示している。ここには、日本を盟主とする「アジア主義」を肯定する思想の断片が、残されているといえよう。

ましてや当時にあっては、対米協調に対する対抗原理としての「アジア主義」は、多くの国民の支持を得られたにちがいない。満蒙の危機を煽る政治的キャンペーンが、浸透し始める。またたとえば『東京朝日新聞』が「誤れる対支認識」と幣原外交を批判したように、新聞も強硬論に傾いていった。

†満州事変はなぜ起きたのか?

ここに「満蒙の危機」認識の急速な拡大を背景として、国内におけるクーデタによる「国家改造」計画と満州事変とが連動する。国内のクーデタが満州事変を促し、満州事変は外からのクーデタとして国内に逆輸入される。そうなれば、政党政治に代わる新しい国内体制の下で、対ソ戦のための戦略的拠点・軍事的資源供給地としての満州を確保することができるようになる。

クーデタによる「国家改造」計画と軍事的謀略との相乗効果への期待は、石原たちに満州事変を決断させる。その結果九月一八日、関東軍は、奉天郊外の柳条湖付近で南満州鉄道の線路を爆破した。二一日には政府の不拡大方針に背いて、朝鮮軍が独断で出兵する。天皇の裁可なしに軍事行動をとることは、天皇の統帥大権への干渉である。満州事変は、現地軍による外からのクーデタとして始まった。

3　満州国を作りたくなかった石原莞爾

†なぜ石原は満蒙領有論を放棄したのか？

満州事変は、満蒙領有を目的としていたはずである。ところが柳条湖事件からわずか四日後、石原たちは満蒙領有論を事実上、放棄する。九月二二日に、関東軍は清朝最後の皇帝を「頭首とする支那政権を樹立し在満蒙各種民族の楽土たらしむ」ことを決定したからである。

なぜ石原は、年来の主張である満蒙領有論の立場から短期間に転向したのだろうか？石原自身に転向の理由を質してみよう。石原は昭和一七年に「満州建国前夜の心境」を語るなかで、次のように転向を告白している。石原によれば、その主な理由は、「中国人の政治能力に対する従来の懐疑が再び中国人にも政治の能力ありとする見方への変り方であった」。石原は、中国のナショナリズムを評価せざるを得なくなった結果、満蒙領有論を放棄したとして、「民族協和への確信、漢民族に対する信頼、之が満州建国への大きな基礎となって居るのである。相手の民族に政治的能力が無いのであるならばいざ知らず、之が能力を認め且信頼を置く以上、占領して之を統治する必要はない」と説明している。「私は此の様にして昭和六年の暮に、それ迄頑強な迄に主張しつづけて居た満蒙占領論から完全に転向したのであった」。

戦時中の回想だから、事後的な正当化はあまりないとみてよいだろう。わざわざ意識的に虚偽の証言をする必要もない。

しかしこの告白には不自然さが残る。石原が転向した過程は、満州事変の拡大の過程である。いったいこの間に、どのような事態が起きたから、中国ナショナリズムの政治的能力を評価せざるを得なくなったのだろうか。しかも石原は、同じ昭和六年一二月に「支那人は個人として優秀なる点の多くを有するも近代国家を造る能力に於て欠く所あり」とメモに記し、中国の国家統治能力への疑問を隠さないでいた。

†石原の真意はどこにあったのか？

そうすると石原は、本意ではないけれども、やむを得ず転向した、と解釈するのがわかりやすい。なぜ石原は、転向を余儀なくされたのだろうか？　以下では次の二点からこの疑問を解いてみたい。一つは陸軍内の満州事変計画をめぐる意見対立の調整過程である。もう一つは満州事変に対する国際的反応ということである。これらの二点が石原に転向を

本庄繁（1876～1945）
大正・昭和前期の陸軍軍人．陸軍「支那通」として知られる．満州事変の拡大に関与し，独立国家案を主張した．二・二六事件後に予備役に編入．敗戦の年の11月に自決した．

強いたのではないか。

第一の観点からみると、事変勃発当初、石原が「満蒙占領案に向い断乎として進むべきを提唱」していることを確認できる。他方で陸軍中央は、「支那中央政府の主権下に置く」「親日新政権」案を強く主張している。この基本方針が石原を譲歩させた結果として、九月二二日案への転換となったようである。この案では、満蒙領有の放棄とともに、独立国家ではなく、「支那政権を樹立」するとなっている。中国の主権を認めた地方政権案であり、陸軍中央の意思が貫かれた結果だった。

その後も陸軍中央の基本方針に変わりはなかった。陸軍中央は、現地軍に「完全なる独立国家となることは之を理想とするも先ず……実を執ることに最善を尽」すよう、指示している。石原はこれに「概ね同意」した。

しかし、石原も渋々認めた陸軍中央の基本方針に激しく反発したのが、関東軍司令官本《ほん》庄《じょう》繁《しげる》である。本庄は独立国家の必要性を懸命に訴えた。「それは絶対に譲らん。絶対に譲れない。それは、それは考えが違う。そうなれば満州における満漢人は、いつまでもいわゆる反逆分子になる。独立国になれば、これは建国の同志としてその国の中心になるけれども、そうでなくて向こうの主権を認めて、それに反抗するならば、これはいつまでも向こうの反乱分子になる。これでは満漢人は従いてこない」。

ここにみられるように、同じ関東軍ではあっても、石原と本庄との間には、中国認識をめぐって、奇妙にねじれた対立関係があった。中国のナショナリズムを肯定する立場が中国の主権を認める地方政権をめざし、否定する立場が独立国家を求めるというのであれば、わかりやすい。

ところが中国のナショナリズムへの評価が低い石原は、地方自治政権案を容認し、評価が高い本庄は独立国家案で譲らない。石原は陸軍中央の方針(地方自治政権案)を呑んだとたん、今度は関東軍の内部からの反対論(独立国家案)に直面することとなった。

†石原のもう一つの真意

石原が一二月に独立国家案へと転換を強いられたのは、同月、それまで陸軍中央の立場を支えていた民政党の第二次若槻(礼次郎)内閣が崩壊したからである。陸軍中央の方針が失われたことによって、石原は地方自治政権案から解放された。しかし満蒙領有論に逆戻りすることはできなかった。陸軍中央が新たに選択したのは、満蒙領有論ではなく、現地軍のもう一つのプランである本庄の独立国家案だったからである。こうして石原は、満蒙領有論から地方自治政権案へ、地方自治政権案から独立国家案へと、二度、転換を余儀なくされた。

第二の国際的反応という点こそが、満州事変勃発当初、陸軍中央と民政党内閣に地方自治政権案をとらせた理由だったことがわかる。民政党内閣は、不拡大方針を打ち出しながらも、状況を追認しがちだった。それでも独立国家ではなく、この案ならば、柳条湖事件以前の段階にもどすことはできないにしても、事態を収拾できると判断した。地方自治政権案ならば、国際連盟やアメリカの許容範囲内にある。このような見通しを持って、民政党内閣は、対立する政友会との協力内閣を作ってでも国内政治基盤を強化することによって、現地軍をコントロールしながら、問題の解決を図ろうとした。

当時、国際連盟やアメリカは、極東の危機に介入できる余力がなかった。国際連盟は、欧州情勢で手一杯だった。アメリカは自国経済の立て直しに忙殺されていた。

しかし何もしなかったわけではない。国際連盟もアメリカも、民政党内閣による事態の早期収拾を期待した。日本には、国際連盟の常任理事国としての実績があった。アメリカとは前年のロンドン海軍軍縮条約締結をとおして、信頼関係を厚くすることができた。このような協調のネットワークのなかで日本側は、地方自治政権案による事態収拾の線で、国際連盟やアメリカの理解を求めるための外交努力を続けていく。

もう一つ、国際連盟とアメリカの反応を気にしなければならない理由があった。経済制裁へのおそれである。満州の新事態を認めない国際連盟が、対日経済制裁に出る可能性があった。アメリカも軍事介入は無理としても、経済制裁ならば可能だった。昭和恐慌下に沈む日本が経済制裁を受けるようなことにでもなれば、重大事である。経済制裁の可能性は、満州事変の拡大を抑制することができた。

実際のところ、一一月末にアメリカの国務長官が日本に対して警告を発しただけで、事変拡大にブレーキがかかった。満蒙領有論の石原にとっては譲歩であり、また独立国家案の本庄にとっても譲歩である陸軍中央の地方自治政権案を現地軍が受け入れざるを得なくなったのは、このアメリカによる警告をきっかけとしていた。

以上の二つの観点から明らかなように、石原は二度の転換を余儀なくされた。満蒙領有論から地方自治政権案へ、地方自治政権案から独立国家案へ、この転換過程は、対米協調と日中提携の両立をめざした民政党内閣の幣原外交の崩壊過程でもあった。民政党内閣の退陣後の翌年三月一日、満州国が建国を宣言する。清朝最後の皇帝溥儀を「執政」とする、「五族(「漢満蒙鮮日」)協和」を掲げる「民主共和制」の国家、実際には日本の傀儡国家、満州国の誕生だった。

4 満州国の真の独立をめざして

†満州国の国際連盟加入構想

日本は、満州国をできるだけ傀儡国家にみえないように努めた。それは二つの異なる方向から試みられている。

一つは、幣原外交の延長線上からのもので、たとえばヨーロッパ在勤の三大使（長岡春《ながおかはる》一《かず》駐仏大使・佐藤尚武《さとうなおたけ》駐ベルギー大使・吉田茂《よしだしげる》駐伊大使）の共同意見電（昭和七年八月一八日パリ発）のプランである。三大使は、満州国の国際連盟加入促進と、それまでは満州国の領域に対する主権は中国が保有する、との構想を提起している。国際連盟加入が実現すれば、傀儡国家でないことは明らかになる。もちろん彼らにはその可能性が限りなくゼロに近いことはわかっていた。強調点は後半にある。満州国の領域に対する主権は中国が保有する。これがどれほど形式的なものであっても、中国の主権さえ認めれば、国際関係への決定的なダメージを抑えることができる。欧米基準の国家主権に関する考えを前提とすれば、欧州在勤の外交官たちの対案は、国際的な理解をかろうじて得られるものだった。

この考えには、もう一つのねらいがあった。それは国内で日増しに強まる満州国承認要求をかわすということである。国際連盟やアメリカの反応を考慮すると、日本による満州国の単独承認は、満州国が日本の傀儡国家であることを国際的に宣言することと同じだった。これでは妥協の余地は一切、失われてしまう。彼らはこのように考え、満州国の承認回避を東京の外務省に訴えた。

†なぜ日本は満州国を承認したのか?

ところが本省は、内田《うちだ》康哉《やすや》外相の下で、満州国承認を急いでいた。内田は八月の議会演説で、「国を焦土にしても」満州国を承認する、との決意を表明する。この「焦土外交」演説は、満州国建国当初の政府の基本方針から大きく逸脱するものだった。「新国家に対しては帝国としては差当り国際公法上の承認を与うることなく……漸次独立国家たるの実質的要件を具備する様誘導し将来国際的承認の気運を促進するに努むること」とその時の閣議決定は、承認に慎重だったからである。

この内田の路線が、満州国を傀儡国家にみせないための、もう一つの異なる方向からの試みだったと説明しても、普通は理解できない。

しかし、満蒙領有論から独立国家案への転換過程をみてきた私たちにとって、内田の路線は、満州国の傀儡国家化を脱色する試みだったことがわかる。本庄の場合がそうだったように、内田も中国のナショナリズムを正当に評価していたからこそ、満蒙領有ではなく、地方自治政権でもなく、独立国家としなければならないと考えていた。

内田が中国ナショナリズムを正当に評価していたことは、次の点からそのように解釈できる。

一つは、満州国と中国本土とを区別して、中国本土に対しては蔣介石政権の統治権を認めていたことである。蔣介石の統治能力を否定し、中国国内の分裂状況を満州事変の正当化に用いるという観点は、内田にはなかった。

もう一つは、非公式ルートを経由して、治外法権撤廃問題の交渉を再開しようとしていたことである。内田外交は、幣原外交への部分的復帰の側面があった。

†満州国を承認しても日中関係は改善できたのか？

満州国は排他的に支配するが、中国本土との関係改善には積極的な内田外交とは、日本にとって一方的に都合のよいもので、中国側に受け入れる余地はなかったのではないか？これは当然の疑問で、どうひいき目にみても、内田外交に可能性はなかったように思われる。

ところが中国側からみると、事情は違っていた。中国側は、満州事変の解決を国際連盟に強く依存していた。アメリカへの期待もあった。蔣介石の下でようやく国家統一を成し遂げた中国には、単独で日本の侵略に対抗できる力がなかったからである。

しかし国際連盟やアメリカは、中国の期待に応えてはくれなかった。事態の早期収拾の可能性があったはずなのに、結局は満州国建国にまで進んでしまう。中国は外部の勢力に依存することなく、独力で事態を切り抜けなければならなくなった。

中国には、どのような対応策があっただろうか？　政策選択の幅は、きわめて限られていた。中国側がやむを得ず選択したのは、対日妥協路線である。満州の事態が中国本土にまで波及するのを食い止めるためには、これがもっとも現実的な路線だったにちがいない。

内田はこのような蔣介石政権の対日妥協路線を前提として、満州国の問題については強硬な原則論を主張したけれども、中国本土との関係では二国間レベルでの外交関係の調整に積極的な姿勢をとった。この意味で、内田の政策意図に矛盾はなかった。

さらに内田にはもう一つの読みがあった。それは中国側の対日妥協路線を前提とした、日中二国間レベルでの外交交渉による解決を、国際連盟やアメリカも容認するだろうというものである。事実、そのとおりになっていく。内田外交の下で、日本は国際連盟から脱退する。国際連盟から脱退すれば、満州問題が国際連盟の手から離れて、日中二国間の外交交渉に委ねられることになるからだった。ここに日本外交は、満州国の存在にふれない範囲で、日中関係の部分的な修復をめざすことになる。

5 「アジア主義」の軍事的拠点としての満州国

†満州国とはどんな国だったのか？

満蒙領有＝植民地支配を目的として引き起こされた満州事変は、紆余曲折を経たのちに、満州国をもたらした。この満州国とはどんな国だったのだろうか？　以下では満州国が軍事的な東アジア共同体として形成され、「アジア主義」の軍事的拠点となったことを明らかにしたい。

最初に確認すべきは、満州事変の直接の動機があくまでも軍事戦略上のものだったことである。石原とコンビを組んだ関東軍の板垣征四郎《いたがきせいしろう》は、柳条湖事件の数カ月前に、満蒙が戦略的拠点であることを、次のように率直に述べている。

御承知の如く満蒙は対露作戦に於ては主要なる戦場となり対米作戦に於ては補給の源泉を成すものであります。従て満蒙は実に米、露、支三国に対する作戦と最重大なる関係があります。之に依て見るに軍事上より見て満蒙が如何に重要なる地位にあるか充分御諒解を得たことと考えます（「軍事上より観たる満蒙に就て」『現代史資料(7)』みすず書房、一九六四年、一四四頁）。

ここに端的に示されているように、満蒙領有の目的は、対ソ戦のための戦略的拠点の確保だった。さらに注目すべきは、対米戦争も想定されていたことである。対ソ戦に勝利したのち、「世界最終戦争」としての日米戦争を戦うとの石原の特異な国防観は、板垣にも共有されていたようである。

もっとも石原は、対ソ、対米戦争に備えるためには、中国本土では事を構えることに慎重だった。対米戦争に備えるために、中国との関係悪化を最小限に止めて、「五族協和」の満州国を作るというのであれば、満州国はアメリカに軍事的に対抗するために、アジアの五つの民族が提携するという、アジア主義的な軍事共同体だったといってよいのかもしれない。

しかし板垣は、日中戦争の可能性も想定している。これでは満州国は、日本の戦略的な自己都合によって作られる傀儡国家にすぎなくなってしまう。

これが満州国の実態だった。石原は、満州国の建国に際しても、なお満蒙領有を諦めきれないでいた。「支那支配階級を屈服して大衆の幸福を増進する為には之を我領土として簡明なる政治を行うを以て最も適切なる手段とすべく我等が十数年に亘り満蒙領土論を主張し来れる所以なり」。

このように言い切る石原は、満州国の理念に懐疑的であり、「新国家成立し日支両民族全く同一の立場の下に協調して国家を造り大衆の幸福を増進せんとする今日の解決方策は領土的解決に比し……大難事」であると批判している。

†なぜ石原はラストエンペラーの擁立に反対だったのか?

満州国の理念を信じない石原は、溥儀の擁立に強く反対した。「世人稍もすれば日本の輔佐する溥儀の専制により王道政治を行わんとするが如きも此の如き漠然たる組織は人類文化史より見るも満州国の実情より考うるも断じて不可なり」。

清朝中国のラストエンペラー、廃帝溥儀を担ぎ出すことには、石原とは対照的な理由からではあったが、陸軍中央も反対した。「溥儀擁立に関し之を過早に行うは徒に列国を刺激するのみなるを以て能く中央と連繫処理せられたき」旨、陸軍大臣が関東軍に指示している。蔣介石の国民政府が中国の統一を実現した矢先に、時代に逆行するかのような政治体制を満州国が備えることに、陸軍中央は、それがアメリカなどの列国に及ぼす影響を憂慮して、消極的だったからである。

しかし満州国は、どうしても帝政でなくてはならなかった。その理由から、石原も結局は帝政を受け入れることとなる。その理由とは、石原自身が語っている。「満州事変は当時の日本国内の政治、経済思想の行詰りと之が維新の要求とにも大きな関連を有して居たのである。昭和維新の先駆としての満州事変の性格である」。

ここにいう「昭和維新」とは、石原がいうように、「満州事変に依って政党政治を打破して、国防国家を樹立しようという考え」だった。反政党政治の国内変革である「昭和維新」を断行するきっかけとして満州事変を起こす以上、満州事変の結果として生まれた満州国が「民主政体」や「立憲政体」であってはならなかった。石原からみれば、対ソ戦のための総動員体制の確立を阻んでいるのは、「日本の政党政治のダラシなさ」であり、「是は何とかして国政を改めねばならぬ」のだった。

要するに、満州事変をきっかけとして、一方では対ソ戦のための戦略的拠点として満州国を自由にコントロールできるようにしながら、他方では反政党政治の新しい政治体制を国内で確立する、この目的を実現するためには、満州国は帝政でなくてはならなかった。

†「自由国」としての満州国

しかし、帝政はすぐに実現したわけではない。満州国は当初、「満蒙自由国」として構想された。昭和六年の秋のことである。「満蒙自由国の国防は帝国に於て之に任ず」。この一点さえ確保できれば、その他の点では大胆な譲歩が用意されていた。たとえば政治体制は、「民主政体」「立憲政体」が予定されている。またその自治行政を尊重して、「欧米風又は現在の日本風の自治を強いざること」を強調している。植民地支配、あるいは傀儡国家と疑われないためには、これだけのことが必要だった。さらに「自由国」を名乗る以上、「内外人に対しては出来る丈け平等の取扱を為」すこととなっていた。

「自由」であることは、満州国に対する経済的なアクセスについても当てはまった。「満蒙自由国綱領」は、「徹底的に門戸開放、機会均等の政策を執り内外の資本及技術を取入れ資源の開発、産業の振興を図る」ことを掲げている。次節で詳しく述べるように、満州新国家は、アメリカ資本なしには立ち行かないことがよくわかっていた。

要するに、日本の基本的な立場は、「帝国の国防上（経済的意義をも含めて）絶対必要と認むるもの例えば鉄道、航空路等」を「完全に帝国の統制下」に収めれば、満州国に対して「内政上余り些細なる点まで干渉を為すの必要なく」というものだった。

しかも中国ナショナリズムに対する肯定的な評価を前提として作られたはずなのに、中国から否認されたために、満州国は、ナショナリズムによる脱植民地化という理念以上に普遍性のある建国の理念を打ち出さなくてはならなくなった。

†アジア主義の背理

満州国側がこの問題にいかに腐心していたかを、国際連盟調査団の記録に記されている、あるエピソードから確認しておきたい。満州国総務庁長官駒井徳三《こまいとくぞう》は、調査団のメンバーに自己の半生を語りながら、満州国の理念を訴えている。駒井は「小さいときから隣国中国が統一し、発展の道を歩む手助けをしようと考えていた。この目的のために彼は法律学と農学を学び、はじめは中国本部、のちに満州に渡った。……彼はやっと「満州国」でかねてからの理想を実現することができる地位についた」。このような「大変興味のある話」ののち、駒井は、はっきりと主張した。「満州国が独立国として承認されたあかつきには、全中国が模範とするに足るような模範的な政治組織を作り上げることができる。この方法によって、おそらく、中国の他の地域の一体化と、団結が可能となるだろう」。

駒井の認識にみられるように、客観的には中国侵略ではあっても、主観的には日中提携を目的とする満州国の建国という矛盾は、矛盾と考えられることなく、一九三〇年代の日本のアジア主義を構成する重要な要素となっていく。

日本のアジア主義の背理を批判することは、容易である。しかしこの背理のなかにこそ、アジア主義の理念と政策の可能性があった。満州国の建国は、このようなアジア主義の可能性をもたらす大きなきっかけとなった。

さらに満州国には「自治」が認められた。「自治」といっても形式的で、実質的には日本が支配していたことはいうまでもない。それでも一度「自治」が容認されると、彼らの掲げる「民族協和」「亜細亜復興」が満州国の理念となっていく(山室信一『キメラ』中公新書、二〇〇四年)。これらの満州国の建国の理念は、日本に逆輸入されて、国内におけるアジア主義の台頭をもたらすことになる。

満州国の理念が逆輸入されたことによって、国内でアジア主義の受け皿となった組織の一つが昭和八年創立の大亜細亜協会という団体である。満州事変に直接関わった片倉衷《かたくらただし》や鈴木《すずき》貞一《ていいち》を幹事とし、陸軍中将松井《まつい》石根《いわね》を会員とするこの団体の目的がどこにあったかは、明らかである。

注目すべきは、この団体には、R・B・ボースやクォン・デといったインド、ベトナムの独立運動家が入会していたことである。とくにボースは結びつきが強かった。ボースは前年にインドネシアの独立運動家M・ハッタが来日した際に、日本インドネシア協会を創設している。イギリスやフランス、オランダからの独立を求める運動家が日本を介して結びつくようになった。

以上要するに、アジア主義の否定の上に満州事変が引き起こされながら、事変の拡大の結果として建国された満州国は、アジア主義的な軍事共同体として出発することとなった。

6　アメリカなしにはやっていけない満州国

†アジア主義的経済共同体としての満州国

満州事変の目的の一つは、対ソ戦、さらには対米戦のための重要国防資源を確保することだった。この目的は、満州国の建国によって、達成されたのだろうか?

容易に想像がつくように、「五族協和」の建前とは裏腹に、満州国の権力は日本人が事実上、独占した。この意味で、目的は達成されたといってよいのかもしれない。満州国は、軍事的な経済共同体として建設されることとなった。

しかも満州国は、ソ連の経済システムを部分的に導入し、アメリカなしにはやっていけない経済共同体だった。以下では、対ソ戦、対米戦のための満州国が、ソ連を模倣しながら、アメリカへの経済的な依存を強めていった逆説を明らかにする。この作業によって、今日の「東アジア経済共同体」論への歴史的な示唆が得られるはずである。

満州国が重要国防資源の供給地と想定されていた以上、この国の経済は、自給自足経済体制以外にあり得なかったにちがいない。事実、石原は「日支満三国を基礎範囲とする自給経済を実行し武力を以て蘇国の陸上及米英の海上武力に対し……敵を屈伏する方策を求め以て戦捷の途を拓く」との国防計画要綱をまとめていた。

さらに自給自足体制は、計画経済を必要とした。満州国は、ソ連の五カ年計画に似せて、「産業開発五カ年計画」を策定している。満州国は、国家社会主義的な経済体制の国家として出発した。

「財閥入るべからず」。この標語に示されているように、関東軍を中心とする陸軍は、「搾取はしちゃいかん」との理想主義の立場から、満州国を拠点として、「不当なる資本」を排撃し、資本主義と対立した。しかもこの反資本主義の主張は、日中提携論と結びついていた。

彼らにとって、幣原外交の日中提携論は、財閥資本による搾取の手段にすぎない。彼らの新しい日中提携論によれば、日本の民衆を搾取している三井や三菱財閥は、中国の民衆をも圧迫しているのであって、国家社会主義の満州国を介して、日中が経済ブロックを形成し、国内の資本主義体制を改革しなければならなかった。満州国は、アジア主義的な経済共同体の重要拠点であると同時に、日本の経済体制に反対する反体制国家となった。

†国際経済のきびしい現実

しかし日満ブロック経済は、国際経済のきびしい現実に直面し、自給自足体制を保つことができなくなっていく。

ブロック経済は、ブロック内の国に利益をもたらす。日満ブロックも同様である。日満ブロック経済の下、満州国の通貨が円にリンクされた。これによって、両国間では為替リスクがなくなる。日満の通商貿易は、飛躍的に拡大した。

ところが円ブロック内での通商貿易関係の拡大は、当然のことながら、外貨の獲得にはつながらない。それどころか外貨の減少を招く。満州国の経済開発のためには、日本からの投資が必要だった。日本の投資拡大を図る上で、外貨を増やさなければならなかったが、外貨は円ブロックから調達することができない。結局のところ、満州国も日本も外貨不足に悩まされることとなった。事実、日本の国際収支は、昭和九年に悪化している。海外輸出を上回る対満投資が、国際収支の均衡を逆転させたからである。

こうなると、「財閥入るべからず」などと理想主義的なことをいってはいられなくなった。背に腹は替えられず、関東軍は、本国からの投資拡大を求めていく。

しかし財閥資本にとって、満州国はリスクを伴う不安定なマーケットだった。昭和一一年になると、投資額が前年比マイナスに転じている。同時代の新聞が指摘しているように、「満州の経済的価値が判明すればするほど対満投資が渋り勝ちになるのが事実」だったようである。

「企業資本家というものは非常に卑怯だ」。現地軍の財閥攻撃は、いらだちへと変わっていく。「財閥入るべからず」。この看板を外し、彼らは財閥が無理ならば、せめてもの代わりとして、新興の産業資本家に接近する。たとえば日産コンツェルンの鮎川義介《あゆかわよしすけ》である。こうして満州事変に伴う軍需景気を背景に、台頭してきた新興財閥と陸軍との結びつきが強くなっていく。

†アメリカ資本の参入を求めて

しかし、たとえ新興財閥の投資を導いたとしても、それだけでは日満ブロック経済のジレンマは解消されない。日満ブロック経済以外の国との通商貿易関係を拡大し、外貨を潤沢に蓄えないことには、国際収支の悪化が進み、日満経済が立ち行かなくなるからである。ブロック外の貿易相手国とはどこだろうか？　それはもちろんアメリカだった。アメリカとの戦争に備えるための自給自足圏は、アメリカ経済に依存しなければ成立しない。日満ブロック経済は、国際経済のもう一つのきびしい現実に直面することとなった。

止むに止まれず、現地軍は、アメリカ資本の参入を求めた。板垣の情勢判断には、次のように記されている。

満蒙新国家の経営に於ては門戸開放機会均等の実を示し米国の資本を移入し日米資本の緊密なる利害関係を醞醸するを要す

満州国の「門戸開放」を掲げているのは、「門戸開放」がアメリカの東アジア政策の基本方針と理解されていたからである。板垣は関連して、中国本土に対する政策でも、対列国協調の重要性を指摘している。「列国と協力し其の門戸を開放せしめ経済上自他共に重要関係を有する地域の和平保持に勉むること特に緊要なり」。中国本土に関する「門戸開放」原則を確認することで、対列国関係の調整を図ろうとする意思の現われだった。

†満州国の「門戸」を「開放」する

アメリカ経済に依存しないことには満州国の存立はあり得ない。現地軍がこのように認識するようになったことは、満州の新事態をめぐる主導権を、東京の政府が奪い返すことを意味した。満州国の成立に伴って、新たな外交方針を定めた三月一二日の閣議決定は、次のようなものである。

新国家と帝国及第三国との関係に関しては新国家をして既存条約尊重の建前を執らしむると共に門戸開放機会均等の原則を恪守するの方針を宣明せしめ以て列国側よりの故障を避くるに努むべきこと。

ここで「既存条約尊重の建前」といっているのは、満州国の存在が、中国の主権・領土尊重を定めた九国条約に抵触することを自覚していたからだろう。「建前」だけでも守ることで、国際的な非難をかわす意図があったようである。また一九三〇年代には「門戸開放」を要求し、今日では市場「開放」を要求するというように、アメリカは今も昔も経済的なアクセスの確保を重視している。この原則を満州国にも適用する姿勢を示すことで、対米関係に配慮しようとしていたことがうかがえる。

満州国の「門戸開放」原則は、「焦土外交」演説の内田外相によっても確認されている。内田は、満州国に対する日本の基本的な態度に関連して、次のように述べている。「満州において経済的に独占的地位を獲得せんとするものに非ず。門戸開放機会均等は尚満州国自体の国是なるに付米国其の他列国は同方面に於て充分活動の機会を有する」。「門戸開放」は満州国の「国是」であるとまでいわなければならなかったのは、満州国の国際的地位を少しでも安定させるためには、「門戸開放」原則の確認によって、アメリカなどの欧米列国との関係調整を図る必要があると考えたからである。

しかし、満州国の「門戸開放」、つまり満州国市場にアメリカ資本のアクセスを日本と同等程度まで認めると宣言しても、アメリカ資本の満州国導入は、ほとんど進展がなかった。もともと満蒙地域にアメリカは、タバコ会社などのわずかな経済的既得権益しか持っていなかった。しかも日本の財閥系の企業が投資に二の足を踏む市場環境である。アメリカが積極的になれるはずもなかった。いくらアメリカ資本のアクセス権を認めても、実際の投資はほとんど行なわれない。これが満州国の実情だった。

それでも陸軍は、アメリカの関与を望んだ。陸軍は鮎川を介して、アメリカ資本導入の可能性を探っている。鮎川は、「満州重要産業五カ年計画」のためには、できればその半分は外資（主に米ドル）に依存し、その導入方法は株式参加としたいとの考えだった。このような形で日米が経済的な利害関係を結ぶことができれば、日米戦争のリスクも削減される。以上のように判断した鮎川は、具体的にはフォード自動車の誘致を試みている。

こうしてアジア主義的な経済共同体でありながら、満州国は、アメリカなしにはやっていけないことが明らかとなった。

©毎日新聞社

第３章

「東亜モンロー主義」外交とは何だったのか

天羽英二（1887～1968）

大正・昭和前期の外交官。1934 年に対中国国際援助問題に関する非公式談話、天羽声明を発表。これは日本の「東亜モンロー主義」宣言であるとして、国際的な反響をまきおこした。

第３章　関連年表

1933年(昭和8)	2月24日	国際連盟総会議場から松岡洋右代表，退場
	3月27日	国際連盟脱退通告
	5月31日	日中停戦協定成立
	6月12日	ロンドン世界経済会議開催
	10月 5日	蔣介石，第5次掃共戦開始
1934年(昭和9)	3月 3日	広田弘毅外相のメッセージに対する米国のハル国務長官のメッセージ公開
	4月17日	天羽声明発表
	5月16日	斎藤博駐米大使,「日米共同宣言」案をハル国務長官に打診
	5月17日	近衛文麿貴族院議長渡米
	7月 3日	広田外相，日英不可侵協定案を駐日イギリス大使に提案
	7月 8日	岡田(啓介)内閣成立
	9月27日	バーンビー・ミッション(イギリス産業連盟視察団)来日
1935年(昭和10)	1月25日	広田外相「私の在任中に戦争はない」旨，議会で演説
	2月	天皇機関説問題起こる
	5月17日	駐華公使を大使に昇格
	6月	第1次華北分離工作
	8月 1日	中国共産党，8・1抗日宣言
	9月 6日	リース＝ロス・ミッション来日
	11月	第2次華北分離工作
	12月 9日	12・9運動(北京で抗日デモ)
1936年(昭和11)	2月26日	2・26事件
	3月 9日	広田(弘毅)内閣成立
	8月 7日	「帝国外交方針」決定
	8月11日	「第二次北支処理要綱」決定
	11月25日	日独防共協定成立
	12月12日	西安事件

1　ブロック経済か自由貿易か？

†この章の課題

国際連盟脱退後の日本の外務大臣を引き受けることは、だれもがためらった。猟官運動に忙しかったあの吉田茂でさえ、このタイミングで外相のポストをねらうことは避けている。白羽の矢が立ったのは、吉田と同期入省の広田弘毅《ひろたこうき》である。

引き受け手のない外相を引き受ける以上、広田は二つの注文をつけた。一つは外交の主導権を外務省に奪い返すこと。もう一つは、国際協調の精神に立ち返って外交を立て直すこと。首相の斎藤実《さいとうまこと》は、この条件を受け入れた。広田の外相就任は、新聞などから好感をもって迎えられる。幣原外交の復活と報じる雑誌もあった。

しかし前途は多難だった。広田は満州事変以来、軍部に引きずられ後手に回る外交を批判した。ところがその広田といえども、対外的には満州の新事態を正当化する以外になかった。その上で国際協調外交を立て直すという困難な課題を、広田は背負うこととなる。

ブロック経済による自給自足圏では、満州国が経済的に立ち行かないことは明らかだった。しかし世界経済のブロック化の潮流は、輸入制限措置や貿易障壁となって日本の行く手を阻んでいた。

「ブロック経済か自由貿易か?」、この二者択一を迫られた広田は、どのようにして国際協調外交を立て直そうとしたのか? 広田の試みは成功したのか? この章では、ブロック経済と自由貿易との間で揺れ動いた広田外交が、アジア主義的な志向を強めていく過程を追跡する。

†「東亜モンロー主義」宣言

「東亜モンロー主義」外交への方向転換の大きなきっかけとなったのは、満州事変とそれに続く国際連盟脱退である。

満州事変の年の一月、政友会議員の松岡洋右は、議会で幣原外交を「無為傍観主義」と決めつけた。同時に松岡はこの演説で、「満蒙の危機」を訴えている。「満蒙の危機」は、この年、国内で急速に浸透していく。

さらに満州事変が勃発し、満州国が建国されると、「嵐のような満蒙熱」、満州ブームが湧き起こった。満蒙は、昭和恐慌に苦しむ国民にとって、「新天地」となった。国民は先を競って満蒙をめざすようになる。

満州国の建国を熱狂的に歓迎した国民に押されるかのようにして、政友会と民政党とは昭和七年六月に、共同で満州国承認決議を提出し、全会一致で可決している。満州国承認の意味を政友会の森恪《もりつとむ》は、「西洋の物質文明と袂を別って、伝統的日本精神に立帰り、東洋本来の文明と理想とに基いて、我が亜細亜を守ると云うこと」だと主張した。

事実、九月に日本が満州国を承認すると、これが「東亜モンロー主義」宣言となった。陸軍は満州国承認の意義を、これは「亜細亜モンロー主義の宣言であり、欧米追随外交、萎縮退嬰外交の思想を清算排撃して、自主独往外交への躍進である」と強調している。ここに「東亜モンロー主義」が宣言された。

広田弘毅（1878～1948）
昭和前期の外交官，政治家．1933年に外相となる．二・二六事件後，首相となり広田内閣を組織．敗戦後A級戦犯容疑者とされ，極東裁判で文官中ただ一人絞首刑判決を受けた．

次いで翌昭和八年二月、満州事変をめぐる国際連盟の対日非難勧告を不服として、日本の全権、松岡は、ジュネーヴの国際連盟総会議場から「堂々と」退場していく。

こうして「東亜モンロー主義」への方向転換が対外的にも明らかになった。たとえばグルー駐日大使の日記に記されているように、「いまや日本が最後的に世界に反抗し自らを孤立させ……「アジアに還れ」の運動を実行に移す決心をした」。このように国際連盟脱退によって、「東亜モンロー主義」へと転換した日本外交は、国際的な孤立に陥る。

†なぜ松岡は国民に謝罪したのか?

ジュネーヴで日本の「光栄ある孤立」を宣言した松岡は、国民的英雄となった。その松岡は、帰国後、国民を前に、次のようにラジオを通して報告している。

少くとも私は一つの点に於ては、完全に失敗して帰ったのであります。……即ち出来ることならば、何とかして、一面我が国の立場を明かにし、主張を通しておきながら、他面連盟に残っておりたいという其事は、御承知の通り失敗したのであります。この点につきましては、私の不徳、洵に国民諸君には申訳ないと考えているのであります。

国民的英雄となって意気揚々と凱旋帰国したはずの松岡は、なぜ脱退回避に失敗したことを国民に謝罪しなければならなかったのだろうか?

そもそも松岡は、本国政府から脱退回避の訓令を受けていた。また松岡自身、脱退を回避するつもりだった。満州国を擁護する松岡にとって、国際連盟から脱退してしまえば、日本に非があること、満州国が日本の傀儡国家であること、これらを国際的に認めることになるからだった。

それではどうすれば脱退回避は可能だったのだろうか。松岡が描いたシナリオは、以下のとおりである。日本にとって、ジュネーヴで起こり得る最悪の事態とは、対日非難勧告が出されるということだった。その場合、たとえ非難勧告が出されたとしても、勧告を受け入れない。勧告を受け入れないことは国際連盟規約違反ではなく、したがって対日制裁もない。そうである以上、対日非難勧告後も引き続き国際連盟に留まることができる。これが松岡のシナリオだった。

松岡の思いどおりにならなかったのは、本国政府が国際連盟脱退へと方向転換したからである。東京からの訓令には従う以外になく、松岡は意に反して、やむなくジュネーヴの総会議場から「堂々と」退場することになってしまった。

本国政府も松岡と同様に、国際連盟との関係を調整しなければ、満州国は立ち行かないと判断していた。違ったのは、ジュネーヴの状況が深刻化するにつれて、あえて脱退することで、国際連盟との関係調整が可能になると、本国政府が考えるようになった点である。日本が脱退すれば、満州問題は国際連盟の手を離れる。そうなれば、この問題をめぐって対立していた国際連盟との関係を鎮静化できる。国際連盟脱退によって国際的孤立が深まるというよりも、満州事変以来の対外危機が緊張緩和に向かう。本国政府の読みは以上のとおりだった。

事実、国際連盟を脱退し、さらに同じ年の五月末に、日中停戦協定が結ばれたことによって、対外危機は鎮静化していく。本国政府の読みは的中した。「東亜モンロー主義」への日本の外交転換を憂慮したグルー大使は、今度は一転して、ワシントンに、日本の国内情勢に関して、次のように報告している。「最近の日本の対米態度には、顕著な改善がみられる……日本は西欧諸国と何ら衝突を起こすことなく、連盟から脱退する一方、中国情勢も以前ほど緊迫していない……私は建設的な、そして多分永続的な進路が開かれたと感じる」。

†なぜ日本外交は対米関係の修復が必要だったのか?

グルー大使の報告が示唆しているように、国際連盟脱退後、日本外交は「東亜モンロー主義」を強めるというよりも、対米関係の修復を志向するようになった。対米関係修復の試みを三つ列挙してみる。

第一に、国際連盟を脱退して半年もたたない六月から、ロンドンで開催された世界経済会議に出席している。世界の六四カ国が参加したこの国際会議は、世界恐慌の克服対策を主題とすることになっていた。日本は、この国際会議に出席する。経済危機から脱却するための手がかりを得ようとしたからである。他方で多くの国から日本は、国際連盟を脱退したとはいえ、その世界経済に占める重要な位置ゆえに、参加が欠かせないと認識されていた。

この国際会議では、当初の予想どおり、欧州諸国とアメリカが、「ブロック経済か自由貿易か」の争点をめぐって、激しく対立する。イギリスなどの欧州諸国は、植民地との間の排他的な経済ブロックの強化を主張した。これに対してアメリカは、多角的な自由貿易体制を世界に拡大することで、世界恐慌からの脱却を図るとの立場を譲らなかった。

日本政府全権の石井《いしい》菊次郎《きくじろう》元外相は、アメリカを支持すると強調した。『東京朝日新聞』は、「米国非難の声の中に／独り親米的演説・注目を引いた石井全権」との見出しの記事で報じている。これが国際連盟脱退後の最初の対米関係修復の試みである。

第二に、翌年三月、広田外相とハル国務長官との間で、メッセージの交換が公開された。広田が日米の「親善関係の増進」を図りたい旨の希望を伝え、これをハルが歓迎するというものである。これは満州事変によって失われた信頼関係の回復に向けて、ささやかながらも一歩踏み出そうとする日本側の意思表示だった。

第三に、同じ年の五月の「日米共同宣言」案である。広田は斎藤博《さいとうひろし》駐米大使にこのプランを託した。斎藤はこれを私案と断りながら、ハルに示している。そこには、太平洋の東はアメリカ、西は日本がそれぞれ「安定要素」であることを相互に承認する、との一節があった。広田はこの「太平洋協定」とでも呼ぶべき宣言の実現に向けて、渡米予定の近衛文麿貴族院議長に助力を仰いでいる。

以上の三つの試みを通して、日本外交は、日米の経済協調を中心に関係改善を進めるために、最小限必要な外交関係の信頼回復に努めていた。

これには大きな理由があった。当時、日本政府は、恐慌克服政策として、高橋（是清）財政を展開しつつあった。高橋財政のメカニズムは、要するに、金本位制から離脱し、円安を誘導して、輸出を拡大するというものである。

それでは主な輸出先はどこだったのだろうか？　満州事変に伴う排日貨（日本品不買）運動によって、中国市場は失われた。最大の貿易相手国となったのは、アメリカである。そのアメリカは、自由貿易によって、恐慌からの脱却を試みていた。日本は、アメリカの自由貿易体制が欧州諸国のブロック経済体制を解体していくことに期待しながら、アメリカ経済への依存を強めていた。

私たちは、満州事変が国民に支持されたのは、恐慌克服への期待があったからだ、と考えている。しかし実際には順序が逆で、恐慌を克服できれば、満州国も成り立つことができる。それでは恐慌克服は、どうすれば可能だったのか？　それはブロック経済体制による自給自足ではなく、自由貿易によって可能となるのだった。

†広田外交はアジア主義外交か？

通商貿易の自由を求めて、日本は経済外交を積極的に展開する。一九三〇年代の経済外交は、中南米やアフリカなどの新たな市場を開拓しながら、輸出の促進に努めている。他方で集中豪雨的な輸出は、他国との間で通商摩擦を激化させた。ここに経済外交の舵取りが、日本の命運を左右することとなった。

一九三〇年代の経済外交を主導した外相は、広田弘毅である。城山三郎の小説『落日燃ゆ』で悲劇的人物として描かれてよく知られる広田は、戦後、東京裁判において文官でただ一人、A級戦犯として訴追され、絞首刑に処せられた。広田は、占領軍から、国家主義の右翼団体として解散させられた玄洋社との深い関係が取り沙汰された。この明治時代に結成された大アジア主義を掲げる政治団体と、広田は若い頃、つながりがあった。おそらくは広田の思想形成に大きな影響を及ぼしたものと推測できる。

しかし個人的な信条と実際の政策とは別である。広田の経済外交とはどのようなものだったのだろうか？　アジア主義外交だったのだろうか。そうではなく、欧米協調主義だったのではないか。

この点に関して、前節でみた対米関係以外に、対英関係の修復をも広田外交が試みていたことにふれておきたい。広田は、昭和九年の七月に、日英不可侵協定を結ぶ用意があると提案している。この日英不可侵協定案は、当時、争点化していた軍縮条約改定問題に対する海軍の強硬論を抑制する意図を持ちながら、他方で対英緊張緩和を志向する広田外交の具体的な構想の一つだった。

さらに、やや専門的になるが、近年の研究によると、東南アジア・南アジアの相互依存的な通商関係のネットワークのなかに、日本も入っていたという。イギリスやオランダなどの欧州諸国は、本国への日本製品の輸入を容認し、日本に対して植民地の一次産品の輸出を求めていた（籠谷直人《かごたになおと》『アジア国際通商秩序と近代日本』名古屋大学出版会、二〇〇〇年）。私たちは歴史の後知恵で、一九三〇年代の世界恐慌下、排他的なブロック経済が、国際対立を引き起こしたと理解している。ところがアジアの国際通商秩序は、排他的というよりも開放的だったようである。

以上のような広田外交の登場を幣原外交の再来として歓迎した人物がいる。『東洋経済新報』主筆の石橋湛山《いしばしたんざん》である。

幣原男は一応敗退したが、日本の自由主義は決して亡びていない。現外相の広田氏は、又自由主義を代表する者だ。

かつて植民地放棄論を唱えた「小日本主義」者の石橋は、満州事変にも批判的だった。その石橋の広田に対する評価であるから、私たちは素直に信じてよいだろう。この場合の「自由主義」を、政治的な「自由主義」というよりも、経済的な「自由主義」と考えれば、より納得しやすい。広田外交は、アジア主義ではなく、経済的な「自由主義」だった。ただし石橋は、手放しで喜んでいるのではない。次のように釘をさしている。

広田外交が果して成功するや否やは、独り広田氏乃至日本国民の意志だけで決定し得る事でない。之を列国は明かに知らねばならない。殊に満州国を挟んで、日本と頗るデリケートの関係にある支那は茲に深き理解をもたねばならない。

対欧米列国関係に関する広田の外交努力については、すでにみたとおりである。それでは次に日中関係に関して、石橋の示す方向に進むことができるのだろうか。広田外交は大きな責任を負うこととなった。

2 どうすれば日中関係は改善できたのか?

†困難な状況のなかで考えるほうが役に立つ

「どうすれば日中関係は改善できるのか?」、当時の課題は、戦後六〇年を経たのちにおいても、依然として課題であり続けている。戦後六〇年の二〇〇五年に起きた反日デモ後、「どうすれば日中関係は改善できるのか?」「日中関係は改善する必要があるのか?」、これらの問題がさまざまに論じられた。

首相の靖国神社参拝を中止したとしても、日中関係が改善されるとは限らない。他方で靖国参拝を続けたからといって、日中関係がこれ以上、決定的に悪化するとも考えにくい。だから靖国参拝を続ける。なるほどこれは一つの考え方である。日中関係の振幅の大きさがある程度の範囲内に収まると想定できることは、日中関係に止まらず、東アジア国際政治にとっても安心材料である。しかし予測可能なだけかえって、これからの望ましい日中関係像を描けないでいるのではないか。

日本外交は、一九三〇年代という、今日と比較すればはるかに困難な状況のなかで、日中関係の立て直しを図らなければならなかった。今、靖国問題があるからといって、日中が戦争に訴えるとはだれも思っていない。ところが当時は、満州事変が起こり、満州国の建国、日本による承認にまで至っている。それでも日中関係の改善を志向していたとすれば、その試みから私たちは歴史の教訓を学ぶことができる。今日とは比較にならないほど困難な当時の状況のなかで試みられたことのほうが、これからの日中関係を考える上で、役に立つはずだからである。

†直接のきっかけ——停戦協定の成立

日中関係改善のきっかけは、二つの方向からもたらされた。

第一に、直接のきっかけとして、昭和八年五月末に日中停戦協定が成立する。満州事変は際限なく拡大したのではない。満州国の勢力範囲が万里の長城にまで達した時、停戦協定が結ばれた。ここに満州国の基盤を固めるために、中国とは事を構えない方向への転換が図られる。

停戦協定成立後、中国本土各地で、排日・排日貨運動の鎮静化がみられるようになった。

たとえば漢口では、「倉庫に堆積されていた多数の日本品は続々街頭に躍り出」るようになり、天津でも「市況は漸を追い好転の見込み」と現地の日本商工会議所の報告書が伝えている。こうして満州事変以来、悪化の一途をたどっていた日中経済関係に転機が訪れた。経済関係の好転を背景として、日本外交は対中関係の改善に乗り出すこととなる。

†もう一つのきっかけ――中国の対日妥協路線

もう一つのきっかけは、中国側から与えられた。国際連盟脱退後、中国の期待にもかかわらず、国際連盟は、日中問題から手を引き始めた。頼みの綱としていたアメリカも、精神的な支援を与えることはあっても、極東情勢に具体的に介入しそうもなかった。結局のところ中国は、自力で対応する以外になくなる。しかも蔣介石政権の国内基盤は、共産党との争いによって、崩れやすいものだった。

そこで蔣介石の中国政府は、国内体制の確立を急ぎ、日本に対しては妥協的な路線をとるようになる。まず「安内」(国内統一)、次いで「攘外」(日本の侵略に対抗)の優先順位の下で、対日妥協政策が展開される。満州事変にもかかわらず、国際的支援を仰げない中国にとって、この路線はやむを得ない、現実的なものだったにちがいない。

この路線を推進した勢力を「親日派」と呼ぶならば、中国の「親日派」と現地の中国在勤の外交官との間で、コミュニケーションのネットワークが築かれていく。ともに自国政府内に対抗勢力を抱える両者が、政府の枠組みを超えて、政治的な連合を形成するようになった。

両者は停戦協定の日を待ちわびるかのように、翌月、直ちに関係改善に向けて、最初の一歩を踏み出す。国民政府ナンバー2の汪兆銘外交部長兼行政院長と有吉明《ありよしあきら》駐華公使との会見である。席上、有吉は「日支両国の接近および邦交の改善を期する」旨、決意を表明する。これを受けて汪は、三項目の具体的な提案で応じている。

(1) 日中「共存主義」の確立
(2) 排日・排日貨運動の停止
(3) 改定関税の実施

日本側が強く求めていた(2)を約束する代わりに、満州事変の勃発によってそのままになっていた(3)の日中関税協定を実施し、これによって(1)の日中「共存主義」を確立する。ここに幣原外交下と同様の日中関係へ向けて、部分的に復帰する可能性が生まれた。

†一九三〇年代のODA（政府開発援助）

ただし幣原外交への完全な復帰はあり得なかった。満州国の存在を前提とする限り、日中の正式な国交正常化は、ほとんど不可能である。外交関係の改善には、あらかじめ大きな限界が設定されていた。それでは日本外交は、関係改善に向けて、何をどうすればよかったのだろうか。

中国在勤の外交官たちは、次のように考えた。即効性のある関係改善策は思いつかない。しかしすぐに結果は出ないけれども、迂回的なアプローチならば、可能性があるかもしれない。たとえば経済提携である。政治的な提携は無理でも経済提携ならば可能であり、これを促進することによって、日中両国は次第に接近するようになる。その波及効果によって、外交関係の修復もできるかもしれない。

彼らの考えは、たとえば昭和九年二月の中国側との意見交換における、日高信六郎《ひだかしんろくろう》南京総領事の発言にも現われている。日高は中国側から「経済提携」が「日支親善ノ捷径ナリ」との提案に賛成して、「日支提携ニハ日本側ニ於テモ自己ノ経済力技術ニ自信」があり、「技術的援助ヲモ惜シマザル意気込ナリ」と、経済提携が外交関係の改善に及ぼす波及効果への期待を述べている。

以上の現地からの報告を受けて、東京の外務省も、経済提携路線を進めようとしていた。この路線は、経済提携に名を借りた経済侵略ではなかったことを、念のため確認しておきたい。なぜならば、経済提携の具体的な案として構想されていたのが、日本の技術協力によって、日中共同農業開発や綿花の栽培事業、道路建設や自動車の普及、航空事業などを行なうというものだったからである。

このような日中経済提携論は、両国間に経済格差があることを前提としている。しかしそれだからといって、経済的手段による侵略を意図したものではなかった。日中の経済発展段階に差があることでかえって、経済的に競合あるいは対立することなく、日本の経済的・技術的援助の下で、国際的な分業体制を作ることができる。日本の外交当局者たちはこのように考えた。

今日のODAの理念としても十分、通用しそうな考え方ではないだろうか。外交関係の改善に難題を抱えているからこそ、回り道ではあっても、経済的な利益で結びついた協力を進める必要がある。たとえ両国間に政治的対立があっても、東アジア地域において日中が国際的な分業体制を築くために、日本外交は中国に対するODAの供与を続けなければならない。私たちは、一九三〇年代の歴史の教訓を、このように活かすべきである。

†欧米協調とアジア主義の間

ただし、注意すべきは、経済援助がもたらす政治的効果に過大な期待をかけるべきではないということである。中国に対する継続的で膨大なＯＤＡの供与にもかかわらず、それに比例して両国の外交関係が改善されるわけではなかった。経済関係の緊密化が、外交関係の改善を自動的にもたらすものではない以上、必要だったのは経済提携とは別の何かだった。

この問題にもっとも敏感だった外交官の一人が、広田外交を外務次官として支えた重光《しげみつ》葵《まもる》である。長期にわたる重光の中国在勤期間は、蔣介石による中国統一の時期と重なっている。中国ナショナリズムの動向を正確に測っていた重光は、中国を対等な主権国家と認めることで、経済提携以上の外交関係の改善をめざした。具体的には、治外法権を撤廃し、治外法権を認められた外国人居留地である租界を返還し、中国の税関から外国人の関与を排除する、また「支那駐屯軍」は撤退する、というものだった。

この構想を実行すれば、租界の返還や「支那駐屯軍」の撤退などを自国に対してだけでなく、列国にも要求することになる。この意味で、重光の外交路線は、アジア主義的と呼ぶことができる。

しかし重光は、「アジア主義」、あるいは「東亜モンロー主義」という政治的用語の使用を意図的に避けている。なぜならば、この路線を単純に推進する限り、列国と衝突することが明らかだったからである。

したがって重光は、一方では中国に租界などの帝国主義的な既得権益を持つイギリスに挑戦するかのような、「親中」姿勢をとりながら、他方では広田外相を通して、日英不可侵協定案を打診するというように、欧米協調とアジア主義の間で、外交のバランスを求めていくようになる。

3　誤解されたアジア主義外交

†日中提携の可能性

アジア主義外交が成功するか否かは、いつの時代でも、日中提携の可能性に依存している。当時はどのような日中提携の可能性があったのだろうか？

日本外交が求めたのは、政治提携の前にまず経済提携だった。この意味での日中提携は、中国側の対日妥協路線と日本の経済提携路線との接近によって、可能になりつつあった。

たとえば蔣介石政府の首脳の一人が昭和九年二月に、「経済上の基礎の上に腹を定めて手を握れば提携必ずしも不可能ならざるべし」と現地の日本側外交筋に語っている。

このような経済提携による外交関係の修復に向けて、新たな出発となったのが、昭和九年四月一八日の有吉＝汪兆銘会見である。汪はこの会見で、満州問題という「暗礁」を避けながら、「共存共栄」のために、「船を通航せしめ」たい、と提案している。

†天羽声明とは何か?

ところが同じ日、日本国内では、新聞各紙がいっせいに、天羽英二《あもうえいじ》外務省情報部長の対中国国際援助問題に関する非公式談話（天羽声明）を報じていた。

今日においても、日本の新聞報道が海外で大きく伝えられることはまれである。日本では一面トップでも、外国の新聞では、片隅で扱われているのはまだましなほうで、記事になることはほとんどないのが普通である。

だが、天羽声明は違った。中国やアメリカはもとより、英仏独、スイス、ソ連にまでたちまち伝わり、各国の新聞メディアが連日報道するありさまだった。天羽声明は、日本の「東亜モンロー主義」宣言であるとして、国際的なセンセーションを巻き起こした。

天羽声明とは、どのような内容のものだったのか?

東亜に関する問題については、その立場及び使命が列国のそれと一致しないものがあるかもしれない。日本は東亜における平和及び秩序の維持は、当然、東亜の諸国と席を分かつべきものである。

この一節を含むのであれば、天羽声明が、列国協調を否定して、中国の排他的支配をめざす「東亜モンロー主義」宣言と解釈されて非難されたのも、無理はない。

†各国の新聞はどう報じたか?

実際のところ、中国の新聞各紙は、第一次世界大戦中に日本が火事場泥棒的に中国に突きつけた帝国主義的要求である二十一カ条要求になぞらえて、「二十一カ条の最悪の点を復活」したもの、あるいは中国の「門戸閉鎖宣言」ときびしく論評している。アメリカの新聞も同様に、天羽声明を「中国全土に対する保護者の地位を引き受ける、と世界に知らしめる」ものだと批判している。フランスでも「中国における政治的経済的利益の強化を図ろうとするすべての策略に結末をつけるとの決意」と報じる新聞があった。ドイツでさえ、「中国に対する保護権の主張」という位置づけである。ソ連の新聞が「日本の帝国主義」と非難したのはいうまでもない。

メディアの報道は、送り手の枠組みに当てはまる情報で構成される。あらかじめ必要だった情報だけが選択的に取り上げられる。

天羽声明の場合もそうである。この声明が発表される前の日本外交は、一方では列国協調を求めたかと思えば、他方ではアジア主義外交を展開するという、どっちつかずであいまいな、わかりにくいものだった。日本外交はどこへ向かおうとしているのか？　国民はそれを知りたかっただろうし、情報部長から明確な答えを得られないでいた新聞記者たちは苛立っていた。こうして天羽声明は、四月一七日の定例記者会見の席上、記者側が、列国の対中経済援助問題に対する外交当局の見解を質した際に、非公式談話として発表されることとなった。

日本外交の進路を知りたかったのは、日本国民だけでなく、諸外国も同様だった。日本発の外電が世界をかけめぐる。天羽はわざわざ二〇日に、外国人記者団に対する声明まで用意する。

こうして国内外に、日本の立場は「東亜モンロー主義」であると受け止められるようになった。

†各国政府の対応

以上のような新聞論調と比較すると、各国政府の態度は、これとは対照的なものだった。まず中国政府である。政府のスポークスマンは、ただちに非公式声明を発表した。その内容は、歯切れの悪いものとなっている。なぜならば、列国の対中援助は「政治的性質」を有するものではなく、軍用品も国内治安用で「他意はない」と日本側に釈明するかのような声明だったからである。声明の末尾では、「現在の不幸な事態を是正」し、新たな基礎に立脚した和平の可能性があると述べている。抗議、あるいは非難して当然なはずだった。しかし中国政府の対応は、そうではなかった。

アメリカ政府の反応は、一言でいえば、当惑である。天羽声明の前月に、広田外相とハル国務長官との間で、日米親善のためのメッセージ交換があったばかりだった。その矢先になぜ日米関係の修復に反するようなことを日本はしたのか。アメリカ政府は日本側の意図を測りかねた。ローズヴェルト大統領もハル国務長官も、無関心を装い、あるいは沈黙を守った。

イギリス政府も天羽声明を重視はしたが、アメリカ政府と比較すれば、より楽観的だった。何よりも声明が警告の対象としたのは、イギリスではなく、アメリカだと解釈したからである。事実、そうだった。議会から質問を受けたサイモン外相は、駐日大使を通して、広田の釈明が得られたことで、この問題の幕引きを図った。

†真意はどこにあったのか?

それにしてもなぜ天羽は、日中の外交関係が改善の方向を示し始めた時に、諸外国を挑発するような声明を発表したのだろうか? 天羽の釈明を聞いてみよう。

「余は先日の談話に対する海外の反響を意外として居る。先日の談話は、今年一月、外務大臣の議会に於ける演説の趣旨を敷衍したに過ぎない。此の演説は、世界に好感を以て迎えられたのである」(四月二〇日の外国新聞記者団との会見での発言)。

天羽のいう広田の議会演説とは、次の一節を含むものだった。

近来に至りまして支那政府は、其従前執り来りました抗日政策の非なるを悟りまして、日支関係打開の方針を決定して居るやの情報もあります……帝国と致しましても之に順応して、十分好意的態度を以て之に報ゆるに吝ならざる次第であります

広田の演説が「世界に好感を以て迎えられた」かどうかはともかくとして、天羽の釈明

は、本心からのものだったにちがいない。すでに議会演説の形で広く内外に公にしていた対中外交の基本方針（国民政府の対日妥協路線を前提とする「経済提携」による漸進的な外交関係の改善）をあらためて表明することが、なぜ重大な国際問題になるのか、天羽だけでなく、広田や日本の外交当局者たちにとっても、「意外」だったからである。

天羽声明には国際連盟やアメリカの対中援助計画を妨害したり、非難したりする意図はなかった。ジュネーヴからの情報は、国際連盟が日中問題から手を引きつつあり、援助計画も縮小され、後退しつつあると伝えていた。アメリカの支援も、思いのほか当てにならなかったからこそ、中国側はやむなく対日妥協路線へと転換していた。そうである以上、念を押す意味で、あるいは確認のために、日本側の基本方針を明らかにしたところで、何ら問題はないと天羽たちは考えたはずである。天羽たちからすれば、声明の意図は誤解されたことになる。

†天羽声明の責任

しかし天羽声明には、重大な錯誤があった。日中関係の改善を意図していたとしても、そのために必要な経済提携を裏付けるだけの政策が構想に止まり、実施の段階に至っていないのに、先走ってしまったからである。

このことは、より深刻な事態を招く結果となった。天羽声明は、国民政府内の「親日派」の政治的立場に大打撃を与え、・対日妥協路線の説得力を奪うことになったからである。声明後の「親日派」の窮状を、現地の外交官は次のように伝えている。

日本側非公式声明に対しては、国民政府内部にも反対論多く、汪部長に於ても非常なる苦境に陥りたる次第にて、日本側においても此種事件の再発を防止せられたし（南京総領事からの報告）。

先般の外務省当局の声明に依り支那側の受けたる刺戟及之を利用して各方面より忠告状乃至脅迫状を寄越す者鮮からざること……等を挙げて説明し右声明発表に対し頻りに不平を述べた（上海総領事館からの報告）。

天羽声明は、「親日派」の対日妥協路線に対する間接的な支持の表明だったはずである。ところが誤解だったにしても、実際に中国の国民世論は激高した。強硬な国民世論に拘束されて、中国政府はこれ以上、対日妥協路線を推し進めることが困難になった。天羽声明は、意図とは異なる正反対の結果をもたらした。天羽声明の結果責任は重大だった。

†米英との外交関係はどうなったか?

天羽声明後、日本は、対米英関係に与えたダメージからの回復を求めて、外交を展開する。声明の翌月、すでにふれたように、広田は斎藤駐米大使を通して、「日米共同宣言」を提案している。また駐日英大使に対して、広田が日英不可侵協定案を打診したのも、この頃だった。

しかし、結論から先にいうと、どちらも広田の期待した結果は得られなかった。天羽声明の騒動後に、「日米共同宣言」案を持ち出したことは、かえってアメリカ側の疑いを招いた。太平洋の東と西とで勢力圏を相互に承認することにつながりかねないこの提案は、日本を「東亜」の安定勢力としてアメリカが認めることになるからである。ハルの反応は、否定的だった。

アメリカの反応は、日本の外務省内で、日英不可侵協定構想への消極論を生むことになった。不可侵協定によって、日英間で勢力圏を設定するような構想は、アメリカと同様にイギリスも受け入れないだろうとの悲観的な見通しが有力になったからである。

結局のところ、対米英関係においても、日本外交は天羽声明がもたらしたダメージから回復することができなかった。

4 「東亜モンロー主義」の後退

†信頼醸成措置

広田外交は、本来、「東亜モンロー主義」ではなかった。外相就任後、最初の議会で、中野《なかの》正剛《せいごう》議員に質されて、広田は次のように答えている。

中野 「ブロック」対立の圧迫益々、日本に迫らんとする此情勢に鑑み、日本は此東亜に於ける英米と同意義の「モンロー」主義を堂々として声明し、之を英米、其他の列国をして認めしめるの決意ありや如何

広田 日本の東洋に於ける地位に付きまして「モンロー」主義と云う御言葉を拝聴したのでありますが、実は私は、東洋には「モンロー」と云う人間も居ないし、斯う云う外国の主義を使うと、外国の解釈に依って日本の地位を解釈さるる虞がありますので、特に斯う云う言葉は避けることが必要だと思うのであります

広田の意思は、天羽声明問題で誤解されたものの、その後も堅持されている。一年後の議会で広田は今度は、「私の在任中に戦争は断じてない」と演説した。同時に広田は、「個人のことを申しましては済みませぬが、私一身の終生の大問題として、此日支外交に当りたい」と、日中関係改善へのなみなみならぬ決意のほどを明らかにしている。

次いで広田はこの年（昭和一〇年）五月に、駐華公使を大使に昇格させる。蔣介石の中国国民政府を中国の唯一の正統政府として、外交上、公式に認めるためだった。

これらはささやかではあっても、天羽声明問題のダメージから立ち直り、日中関係の改善をめざしていく上で、信頼を醸成するための措置として効果があった。

しかし問題は、信頼醸成以上の何かを具体的に実行する意思が広田にあったのか、ということである。

広田の講じた措置は、少なくとも日中親善のムード作りにはつながった。新聞紙上にも、日中親善論が目立つようになっていく。広田はこれを「空なる宣伝であると思われぬように、お願いしたい」と要望している。

またこの頃の月刊誌をみてみると、同じ論者が一方では「日支親善の提唱」を掲げながら、他方では「日英同盟論の台頭」を論じていることがわかる。広田外交が日中提携と欧米協調との間で均衡保持に努めていたことは、国内でよく知られるところとなっていた。

これには実は、具体的な裏づけがあった。昭和九年秋から翌一〇年にかけて、イギリスの経済使節団があいついで極東を訪問している。これをきっかけとして、日中英の三国による経済協調の可能性が生まれていたからである。

ここに一方では中国に対して信頼醸成措置を講じながら、経済提携を進め、他方では日英経済協調の可能性を追求することによって、日本外交は経済的な極東国際秩序を模索することとなった。

†日中英三国経済協調の可能性——バーンビー・ミッション

昭和九年九月、バーンビー卿に率いられたイギリス産業連盟視察団が来日している。一行は、日本の関係各方面の有力者と意見交換の後、満州国へ現地調査に赴く。視察団は一二月には報告書をまとめている。バーンビー・ミッションの目的は、満州国の存在を組み込んだ日英経済協調の可能性を探ることにあった。

日本側は、この視察団の動向を特別に注視した。報告書は直ちに翻訳され、早くも翌二月号の『中央公論』の特別付録として、広く国民に知らされている。

報告書は、重工業製品から万年筆のペン先に至るまで、満州市場へのイギリス商品の輸出可能性を詳細に検討している。実際に満州市場への進出が始まれば、イギリスによる満州国の事実上の承認につながることは、明らかだった。

他方で満州国側も、経済的な国家建設のためには、イギリスなどの列国から資本と重工業製品の輸入を必要としていた。満州国の関係者は、バーンビー・ミッションの聞き取り調査に応じて、「日本の資金のみならず外資の投下を求めざるを得ざるべし」と答えている。

以上を踏まえて、日本の外交当局は、この視察団の活動をきっかけとして、次の二点を期待するようになった。

第一は、イギリスが満州国を事実上、承認することへの期待である。報告書の線で英満間の通商貿易関係が拡大すれば、イギリスによる満州国の事実上の承認に至る。そうなれば、満州の新秩序を中国も追認するほかなく、排日・排日貨運動も鎮静化し、日中経済関係の改善を図ることができる。

第二は、日中英三国の経済的な協調関係への期待である。外務省通商局のある文書は、イギリスの経済進出が、中国の「対民衆授産事業」推進を目的とする投資の拡大につながることによって、「支那民衆の購買力を先ず向上せしめ」、それによって新たな需要が喚起されれば、日本だけでなくイギリスの商品の需要拡大をもたらすと述べている。要するに、日中英がそれぞれ経済的利益を得られる「Ｗｉｎ－Ｗｉｎ関係」への期待だった。

†日中英三国経済協調の可能性――リース＝ロス・ミッション

さらに昭和一〇年九月には、リース＝ロス卿の使節団が来日する。外相、蔵相、日銀総裁らと会談した使節団は、次に中国を訪れた。中国の財政改革、中国への借款供与が大きなテーマだった。

リース＝ロス・ミッションの目的は、バーンビー・ミッションの路線をより具体化することだった。その構想は、次のようなものである。満州国に日英共同で一〇〇〇万ポンドの借款を供与する。これは実際には、満州を失った中国に対して支払われる仕組みになっている。これによって、イギリスは満州国を事実上、承認することになる。

他方でイギリスの援助によって、中国が経済改革を進めれば、新たに安定的な中国市場が生まれる。この市場に日英が参入することで、日中英三国間の経済関係は発展する。

リース＝ロスは、この目的の達成に向けて、日本側に満州国を事実上、承認する用意があることを強調した。またイギリス側の熱意を示すために、英王室の親書を直接、天皇に託すというパフォーマンスを演じている。

リース＝ロスが来日した昭和一〇年の日本は、主要な経済指標が戦前の最高水準に達している。昭和恐慌からの脱却は、成功しつつあった。この成功は、ブロック経済を基礎とする「東亜モンロー主義」路線ではなく、自由貿易体制下での輸出主導によるものだった。日中英三国の経済的な協調関係の可能性も、この文脈において、具体的になったと考えることができる。「東亜モンロー主義」路線は、後退していたのである。

5　アジア主義外交の復権

†日中英三国協調への挑戦

「東亜モンロー主義」路線の後退に、危機感を抱いた勢力があった。現地軍である。日中英三国の経済的な協調は、関東軍にとっても、決して悪いものではなかった。なぜならば、この協調路線の下で、満州国の国際的な承認が事実上進み、満州国の経済的な国家建設も軌道に乗るはずだったからである。

しかし実際には、現地軍は、この路線へ挑戦していく。現地軍は対ソ戦準備を最優先させていた。満州国もこの戦略的な目的のために作られたものである。その戦略的拠点としての満州国の支配を確実なものとするために、現地軍は、満州国に近接する中国本土の地域をもコントロール可能にしたくなっていた。

その現地軍にとって、日中英三国の経済協調路線の推進は、受け入れられないものとなった。中国の経済的な自立に伴うナショナリズムが、満州国に対しても自己主張を始めるようになることをおそれたからである。

もっとも、満蒙領有すらできずに満州国に至った経緯を考えれば、中国本土に手を延ばそうとしても、国際的にはもちろん、国内的にもその理由を説明することはむずかしかった。満蒙地域とは異なり、明確な中国の領土に軍事的な膨張を試みるためには、新しい正当化の論理が必要となる。ここに現地軍によって援用されたのが、「アジア主義」である。南次郎《みなみじろう》関東軍司令官は、広田外相に次のような電報を送って、説得を試みている。

今次南京政府の行動は、累年の秕政の結果財政的危機に瀕せる蔣介石一派……が其危機を脱却せんがために四億万民衆の利福を無視して断行せる暴挙にして、殊に其裏面に英国の辛辣なる支援あるに於て其の結果は単に支那民衆の生活の根底を脅威するに止まらず、全支那を挙げて英国の金融的支配下に置くものなり。

ここにみられるように、イギリスの支援による中国の経済的な自立に反対する根拠を、関東軍は「アジア主義」に求めた。関東軍は、「アジア主義」の立場から、中国の民衆を犠牲にするイギリスの経済支配を非難したのである。

†政策を修正する試み

現地軍は、以上の観点から華北分離工作（満州国と接する中国本土の華北地方から、蔣介石の政府の影響力を排除するための政治工作）を実行する。これによって現地軍は、昭和一〇年の秋に、「親日」傀儡地方政権を仕立て上げた。

華北分離工作は、外務省主導の対外路線に重大な影響を及ぼした。重光外務次官は激しく非難する。「我対露政策の背後の範囲に於て北支の経綸を行なうべきものであって、而して又其の範囲を越えてはならない」。重光にとって、満州国と接する華北に対する政策は、蔣介石政府の政治的影響力を認めた上で、対ソ戦略上の考慮によって合理化できる範囲に限定されなければならなかった。現地軍の行動は、この範囲を大きく逸脱するものとなった。

私たちは、昭和一〇年の華北分離工作の後、日中全面戦争の直接のきっかけとなった盧溝橋事件が昭和一二年に起きたことを知っている。あとからみれば、この過程は必然であり、間にはさまれた昭和一一年には、華北分離工作が拡大していたはずだと思い込んでいる。

しかし実際には、昭和一一年という年は、華北分離工作の修正が試みられた年である。行き過ぎた華北分離工作の修正は、外務省だけではなく、陸軍中央も求めていた。両者の共同歩調によって、昭和一一年八月に政府決定となった「第二次北支処理要綱」は、「北支経済開発」を通して、「日支人の一致せる経済的利益を基礎とする日支不可分の事態を構成する」ことを、華北政策の基本目標に掲げている。要するに、政治工作を否定して、経済提携中心の政策に修正されることとなった。

しかもこの基本方針は、自給自足圏を華北地方へ拡大する意図を否定したものである。「第二次北支処理要綱」は、経済提携のための「北支経済開発」を具体的に実施するに当たって、次のように注意を喚起している。

第三国の既得権益は之を尊重し要すれば此等諸国の施設と合同経営し又は其の資本材料等をも利用する等第三国特に英米との提携共助に留意するものとす

華北の経済開発を進めるためには、英米との協調が必要である、との基本的な前提は、同じ八月の総理・外・陸・海の四大臣決定「帝国外交方針」にも共有されている。この「帝国外交方針」は、日英「親善」と「日米間の経済的相互依存関係を基調として親善関係の増進を期」する旨、確認しているからである。

満州国はもとより、華北地方のいっそうの経済開発によっても、それらの地域から得られる原材料や資源は、英米からの輸入に代替することは困難だった。自給自足圏ではない、開放的な地域主義として「日満支ブロック」を確立するためにも、日本経済は、これまで以上に英米との通商貿易関係の拡大に努めなければならなくなった。

以上の基本方針に即して、対英関係の修復に努めたのが、吉田茂駐英大使である。吉田は、一方ではイギリス側にリース＝ロス・ミッションの再来日を要請しながら、他方では本国政府に対して「政治的に再考慮」を促すことで、このミッションを受け入れるように求めている。

さらに昭和一一年の外交関係修復の試みは、外務省と軍部との対中国「二重外交」が外務省の下で一元化される試みでもあった。同時代のもっともすぐれたチャイナ・ウォッチャーである尾崎秀実《おざきほつみ》（尾崎についてはあらためて次章で言及する）は、このことを的確に読み取っている。尾崎はこの年三月の時評で、「北支工策の失敗」や「支那におけるイギリスの案外の抵抗力」などによって、「対支外交の一元化は相当真剣味を帯びて居り、根強くもあると思われる。去年（昭和一〇年）の春のような浮ついた日支経済提携論や親善論ではない」と断じている。もしも尾崎の見通しの先に政策が展開されたとすれば、日中全面戦争は回避できたにちがいない。

†破局への予兆

しかし実際には回避することができなかった。なぜだろうか。すでに予兆はあった。華北分離工作が、中国側の対日妥協路線の限界を超えるものとなっていたからである。日本側が中国本土にまで手を延ばしてきた以上、譲歩の余地はほとんど失われた。代わりに中国のナショナリズムが、抗日で団結する。その劇的な表現が、一九三六(昭和一一)年一二月の西安事件だった。「一致抗日」への転換を迫られた蔣介石が監禁されたクーデタ事件をきっかけとして、国民党と共産党とが合作し、日本に対抗する姿勢をとるようになった。

この対日政策の転換過程で、日中提携路線のパートナーである「親日派」の政治的没落が決定的となる。もはや対日妥協路線の下で中国側の譲歩を前提とするのであれば、いかなる日中国交調整政策であっても、具体化は困難になった。中国側が対日妥協路線を放棄し、攻勢へと転じた以上、中国政策を根本的に見直さなければならなくなった。

新しい中国政策は、華北分離工作の中止と経済提携を基本とするものとして策定される。この路線を進めるために派遣されたのが、昭和一二年三月の児玉経済使節団である。日華貿易協会会長児玉謙次《こだまけんじ》を団長とする財界の有力者で構成されたこの使節団は、しかし中国側から冷淡な態度であしらわれた。

なぜ児玉使節団は成果を上げることができなかったか。その理由を「自由主義的民間団体」と呼ばれる日本国際協会による昭和一二年の国際情勢に関する年次報告書は、次のように指摘している。「経済提携を進めて行けば自然に親善が実現されると我が方では思ったのである。然し政治と経済とを区別することは実際上出来ない……我が国朝野の支那に対する認識の足りなさは、いつも乍ら遺憾千万である」。

この鋭い指摘は今でも当てはまる。「政冷経熱」が続けば、いずれ「政熱経熱」になるという保証はどこにもない。「経熱」ではあっても、「政冷」を「政熱」にするためには、経済的な利益の部分的な犠牲を覚悟してでも、政治的な関係の改善に取り組む意思が必要である。当時においては、なおさらそうだった。

しかし経済提携論でさえ、反発を受けるようになっていた。たとえば中国各地の日本人商工業者は、中国ナショナリズムの台頭に直面して、関税制度を「支那人に任かせるは、絶対に不可」と主張するまでに硬化している。ましてや「治外法権放棄は絶対に不可なり」というのが、彼らの断固たる態度だった。

日中経済提携論は、相手国との関係でも楽観にすぎる外交論となった。満州国の存在を棚上げして、経済提携の及ぼす波及効果に期待しながら関係改善を図るという路線は、中国側から拒絶される。「一致抗日」へと転じた中国との国交調整過程では、中国側から満州国の主権を中国に返還し、その後、自治領とするとの対案が示されるまでになっていた。

このような手詰まり状態のなかで、外務省内に芽生えてきたのが、アジア主義である。外務省は、一方では、リース＝ロスの再来日を要請し、中国をめぐる日英協調へ希望をつないでいた。

しかし他方で、この可能性を半ば以上はあきらめながら、アジア主義的な理念に基づいて、外交の立て直しを図ろうとするようになった。外務省東亜局のある文書は、次のように主張している。

> 日本を中心とする日満支等東亜諸国の提携に依り、東亜の平和を維持増進せむとする我が東亜政策と、東亜を植民地視する従来の欧米の政策とは相容れざるものなることを徹底せしむ。

帝国主義的な既得権益を手放す用意がないのに、帝国主義の欧米に対抗して日中が提携するという「東亜政策」とは、いかにも矛盾したアジア主義外交政策である。こうして日本外交は、日中国交調整の具体的な手がかりをほぼすべて失うこととなった。

©毎日新聞社

第４章

侵略しながら連帯する

尾崎秀実（1901～44）

国際共産主義者で中国問題評論家。朝日新聞社局員として中国に滞在、のちに中国時評を発表した。ソ連共産党員のゾルゲに協力し、41年ゾルゲ事件が発覚すると処刑された。

第4章　関連年表

1937年(昭和12)	2月　2日	林(銑十郎)内閣成立
	6月　4日	近衛(文麿)内閣成立
	7月　7日	盧溝橋事件
	7月11日	現地停戦協定成立
	7月11日	華北への派兵を声明
	7月28日	華北で総攻撃開始
	8月21日	中ソ不可侵条約調印
	9月　4日	第72臨時議会開会
	9月　8日	第72臨時議会閉会
	9月22日	中国国民党，共産党との合作宣言書を公表
	11月　2日	ドイツの仲介による日中和平工作始まる
	11月20日	蔣介石，重慶等へ遷都を宣言
	12月13日	南京陥落，南京事件
	12月14日	中華民国臨時政府成立
	12月26日	第73通常議会開会(38年3月26日閉会)
1938年(昭和13)	1月11日	厚生省発足
	1月16日	「国民政府を対手とせず」声明
	4月　1日	国家総動員法公布
	4月　2日	農地調整法公布
	4月　6日	電力管理法公布
	5月19日	徐州占領
	10月21日	広東占領
	10月27日	武漢三鎮占領
	11月　3日	「東亜新秩序」声明
	12月16日	興亜院設置

1　なぜ早期解決が可能と考えたのか？

†この章の課題

近衛文麿は、意気消沈していた。首相就任直後に起きた日中間の軍事衝突の不拡大をめざしながら、何をやっても思い通りにならず、無力感にとらわれていた。

こんなはずではなかった。国民の人気は圧倒的で、だれもがこの貴公子を歓迎した。国内の主な政治勢力も、軍部から政党まで、こぞって近衛内閣を支持している。それなのになぜ意に反して戦争は拡大するのか？　状況は近衛の手に余るものとなった。

近衛は早くも政権を投げ出す覚悟をする。ところが皮肉なことに、戦況は日本側の連戦連勝だった。勝っている国の内閣が、戦争の途中で総辞職するわけにはいかない。近衛は退陣することさえ自分で決めることができなかった。やむなく近衛は首相の座に留まることにした。

他方で事態は日増しに困難なものとなっていった。個別の戦闘では連戦連勝だったはずである。ところが中国側が屈服する気配は、ほとんどみられなかった。どうすればこの戦争は終わるのか。近衛は明確な見通しを立てることができなかった。

もう一つ近衛にとっての難題が、国民に対してこの戦争をどのように説明するかということだった。戦勝気分に沸く国民の期待を裏切るわけにはいかない。そうかといって、いつまでも戦争を続けることもできない。戦争の目的を明確にしながら、国民の納得が得られる事態の収拾策を考え出さなくてはならなくなった。

日中戦争をめぐるこれら国内外の問題を一挙に解決する政策の理念となったのが、アジア主義という考え方である。アジア主義は、日中戦争に和平をもたらし、国民を説得することができたのだろうか。以上の観点から、日中戦争下のアジア主義を再考してみたい。

†尾崎秀実の分析

日中全面戦争の直接のきっかけとなった盧溝橋事件は、同時代人たちによって、どのようにみられていたのだろうか。

ここでは最初に尾崎秀実の分析を取り上げる。尾崎については前章ですでに引用しているが、重要な人物なので、あらためて紹介しておきたい。

子供時代を台湾で過ごし、のちに朝日新聞の上海支局員として中国に駐在した経験を活かして、尾崎は一九三〇年代に中国問題に関する時評を次々と発表する。尾崎の名声を一気に高めたのは、西安事件の結果をだれよりも早く、きわめて的確に予測したことである。中国分析の卓越した能力を示した尾崎は、近衛内閣のブレーンに登用される。

他方で尾崎は国際共産主義者だった。隣国中国と自国の革命をめざした尾崎は、その過程で、ソ連のスパイ、ゾルゲの諜報活動に協力する。日米開戦の直前に、このことが発覚して逮捕された尾崎は、敗戦の前年に死刑に処せられた。

「ゾルゲ」という語感は、私たちにいかにも怪しげな人物という印象を与える。そのゾルゲに協力した国際共産主義者の分析など検討に値するのだろうか。

しかし合法、非合法という区別はあっても、当時も今も事実としてスパイ活動は行なわれている。またスパイ活動といっても、イギリス映画の「007」のようなものだけではない。むしろ活動の基本は、いつの時代でも変わることなく、公表されているデータの精緻な分析である。尾崎の場合も同様だった。尾崎の政治的役割を考慮した上で、その分析力によって描き出された日中戦争像に接するのであれば、それは私たちの日中戦争理解を深めることに役立つにちがいない。

西安事件の分析で脚光を浴びるようになった尾崎は、ほどなくして勃発した盧溝橋事件をどのように評価していたのだろうか。事件勃発直後の月刊誌『改造』八月号における尾崎の予測は次のとおりである。

盧溝橋に於ける日支両軍の衝突は今や日支両国間の全面的な衝突を惹起せんとする形勢にある。恐らくは今日両国人の多くはこの事件の持ち来すであろう重大なる結果につきさまで深刻に考えていないであろうが、必ずやそれは世界史的意義を持つ事件としてやがて我々の眼前に展開され来るであろう。／それはしかし直ちに戦争へまっしぐらに発展するということを必ずしも意味しない。／日本の出兵によって支那側が我が要求に服することによって難局面の拾収されるであろうことは最も可能性の多いことである。

ここでは以下の二点に注目したい。

第一に、日本はもとより中国も、この事件がもたらす「重大なる結果」を認識していないとの指摘である。

第二に、事件は戦争に直接つながることはなく、日本の武力と中国側の譲歩とによって早期に収拾されるとの見通しを持っていたことである。

要するに、西安事件後、国共合作の下で、中国ナショナリズムが抗日へと向かったことを的確に予測した尾崎にとっても、盧溝橋事件は偶発的な軍事衝突であり、したがって事態の早期収拾が図られるはずだった。

尾崎はすでに盧溝橋事件の直前に、日本国内における「日支経済提携」論の再台頭を指摘していた。尾崎は、これを「領土的或いは勢力範囲的な本来の大陸政策に対する批判者、或いは修正者」の考えと位置づけている。この指摘と、国策レベルでの華北分離工作の中止決定や、対ソ戦優先の観点から日中関係の安定を求める軍事戦略が重視されるようになったこと、これらを考え合わせれば、盧溝橋事件は、全面戦争に拡大するのではなく、局地紛争に止まり、ほどなく解決すると尾崎が予測したのは、根拠のあることだった。

†石橋湛山の分析

事態の早期収拾は、中国側の事情からもそうなるだろうと推測していたのが、石橋湛山である。石橋の議論をたどる前に、あらためて人物紹介を記しておきたい。

『東洋経済新報』の主筆として、ユニークな言論活動を展開していた石橋は、戦前日本の代表的な自由主義知識人の一人である。植民地放棄論を基礎として、通商貿易関係の拡大を通して国家の発展をめざす彼の立場は、「小日本主義」としてよく知られている。

石橋は、もちろん満州事変に反対している。植民地放棄論の立場からすれば当然であるとともに、中国ナショナリズムへの共感を抱いていたからだった。石橋は、尾崎と同様に、盧溝橋事件が起こる前に、「深刻な反日感情が普遍化している」と観察し、中国ナショナリズムが抗日へと転換しつつあると認識していた。

その石橋は、七月一七日に、盧溝橋事件の行く末を次のように予測している。

事態不拡大の方針は、固より我が政府の根本方針であり、また南京政府とて同様に相違ないのだから、此の対立から直ちに決裂に導かれるようなことは、万々あるまいと記者は信ずる。

石橋がこのように早期収拾を楽観できたのは、事態の長期化を中国側が避けるだろうとの判断があったからである。「戦争が長引けば、日本に取って勿論苦痛に違いないが、併し支那に取っては一層の苦痛であるばかりでなく、或は為めに其の国家の存立に対して致命的打撃を受けるに至るであろう。……若し本気に日本が支那と戦を決心するに至れば支那は到底外国の援助無しには、其の戦争を続けることは出来ぬであろう。／然らば外国は支那を援助するであろうか。支那を援助するとは、即ち日本を敵とすることである。記者は左様の外国が今日世界に存すると思えない」。

石橋は別の社説で、「米国の東洋に対する態度が、極めて冷静であり、実際的であること」を指摘している。この点を踏まえて石橋は、列国、とくにアメリカの対中援助が望めない以上、早期解決が可能と予測したわけである。

要するに石橋は、中国にとっても不利な極東国際政治情勢のなかで、日中両国の国力を比較し、国家建設の途上にある中国が戦争を続けることは困難であると、事件をいわば経済合理的に解釈していた。石橋の議論は、自由主義的なエコノミストにふさわしいものだった。

†道義をめぐる戦争

日本が戦争の拡大を望まなかったにもかかわらず、軍事力を投入したのは、中国を「一撃」の下に打ち倒し、早期の解決をめざしたからである。この「一撃」論には、日中の軍事力を客観的に比較する視点と、中国蔑視の感情とが入り交じっている。

このような戦争を終わらせるための戦争を、相手国内で展開することには、きわめて慎重な対応が要求される。しかも日中戦争の場合、悪いのは蔣介石政権であって、中国国民は悪くない、との立場を日本は国内外にアピールしていた。それゆえ日中戦争は、道義をめぐって戦われることとなる。

蔣介石政権と中国国民とを政治的に区別するためには、軍事的にも区別しなければならない。この観点から、蔣介石政権の軍事的拠点への攻撃は、正当化された。しかし、非軍事施設への攻撃は、道義的責任をきびしく問われることとなった。

戦争の拡大過程で、日本軍は、中国の学校や病院などの文化・公共施設を破壊してしまう。このことが予想外に国際的な強い非難を浴びる。石橋は事態を重くみて、「如何なる国に於ても寺院や、学校を破壊するときは、民心を刺戟することが甚だしい」と日本側の注意を喚起し、具体的には南開大学の空爆が国際的にセンセーショナルな事件となったことを間接的に批判している。石橋は昭和一二年九月二五日の社説で、「我が軍は南開大学を決して理由なく爆撃したのではない。それは支那軍の有力な根拠地であった。当時の戦況は万已《や》むを得ず之を破壊したに相違ない」と理解を示したものの、これはいかにも苦しい言い訳だった。

当時の日本がおかれていた立場は、イラク戦争の際のアメリカの立場に似ている。アメリカは「独裁者」の打倒、あるいはイラクの「民主化」といった道義的な目的を掲げて開戦した。このことは、具体的な戦闘行動を自ら縛ることとなった。軍事施設だけをねらった精密爆撃が求められ、民間施設を誤爆してしまえば、たちどころにアメリカは国際的非難の渦に投げ込まれる。捕虜を虐待すれば、きびしく罰せられ、大統領が陳謝しなくてはならなくなる。

日中戦争下の日本も同様だったにちがいない。しかも今日のように空爆目標を識別することは、軍事技術上はるかに困難だっただろう。また戦争がゲリラ戦化していくことで、石橋のように釈明を強いられることになった。非軍事施設への爆撃がこれほどまで問題になったことに示されているように、中国に対する国際的なモラル・サポートが強まるなかで、日本は軍事行動を正当化することが困難になっていく。

道義を争点とする戦争で、道義的に有利な立場に立てない日本は、戦争の早期解決を急がなくてはならなかった。そのために、一方では軍事的圧力を強めながら、他方では和平工作を進めている。

しかし和平は訪れない。軍事的には勝利したはずなのに、政治的には解決しない。ここに戦争の長期化が避けがたいものとなった。

2 目的のない戦争

†文学者たちのみた日中戦争

個別の軍事作戦では連戦連勝の日本軍は、上海から南京へと占領地域を拡大していく。当初の「北支事変」は、「支那事変」へと呼び方が改められた。不拡大方針の下で、盧溝橋事件後、数日のうちに停戦協定が成立しながら、この年の末には、首都陥落にまで至っている。この日中軍事衝突は、同時代の人々の目には、どのように映っていたのだろうか。

当時の文学者たちは、その鋭敏な感覚によって、この戦争の本質を言い当てていた。以下では、小林秀雄《こばやしひでお》、竹内好、永井荷風《ながいかふう》の三人を取り上げる。

まず小林秀雄である。すでに文芸評論家としての名声を得ていた小林は、中国大陸にいた。小林はエッセイのなかで、現地居留民の様子を次のように描いている。

「このどさくさを利用せんとあきまへん……そういうのが充満している」。

戦勝気分に浮かれながら、彼らは軍の威力をかさに、荒稼ぎをもくろみ、中国人の家屋や商店などに、勝手気ままな不法行為をはたらいていた。

この戦争は道義をめぐる戦争だった。したがって政府の公式の立場は、「領土的野心を有せず」というものだった。

しかし政府の建前の説明とは裏腹に、現地では「頂戴するのは当たり前」という空気が充満していた。

次に竹内好である。中国文学の研究者竹内は、盧溝橋事件勃発直後に北京に留学し、二年間を過ごしている。竹内には、留学前までは「アジア主義者」と呼ばれることを引き受けるだけの「ともしびがともっていた」。

しかし竹内は、きわめて深刻な事態を目撃することになる。現地の軍人や商人たちがアヘンの売買にまで手を染めている現実に直面した竹内は、絶望のなかで、「酒を飲んでバカ遊びをするだけ」になってしまう。日中戦争は「日中アヘン戦争」と呼ばれるような、道義とは対極にある戦争だった。この戦争をアジア主義的言説によって正当化することは、竹内ならずとも、できなかった。

「領土的野心を有せず」との公式の立場から政府が掲げた戦争目的は、「暴支膺懲《ぼうしようちよう》（暴れる支那をこらしめる）」だった。この「暴支膺懲」という戦争目的に敏感に反応したのが、永井荷風である。荷風は盧溝橋事件の年に『濹東綺譚』を刊行し、政治とは無関係な市井の生活、大衆風俗を描いている。

しかし公刊を予定していた日記のなかで、一度は抹消した九月三日の記述の一部に、幕末の攘夷運動に重ね合わせて、事情は当時と同じであると指摘しつつ、「英仏連合艦隊の長州攻撃するや特に膺懲というが如き無意味なる主張をなさざりき」と、「膺懲」が「戦争目的として無意味であることを記している。

荷風にとって、この無意味な戦争の実態は、「或人のはなし」として、一〇月四日の日記に引用されている。「戦地に於て出征の兵卒中には精神錯乱し戦争とは何ぞやなど譫語を発するものも尠からず」。戦争目的が明確でないことは、早くも退廃を生んでいた。

†「戦争はもうかる」

小林の観察に描かれているような現地居留民に限らず、「戦争はもうかる」という感覚は、日本の経済界で広く共有されていたようである。軍需景気への期待は、「株は買いだ」という積極的な経済活動を促した。ある研究者（坂野潤治東京大学名誉教授）は、盧溝橋事件直後の経済誌『ダイヤモンド』臨時増刊号の記事の一節、「我々はもう押しも押されぬ世界の大国民となり、英米と並んで三大強国を誇り……」を引用しながら、「経済力を根拠とする大国意識」と「新興経済大国の国際政治に対する底抜けの楽観」があったと指摘している。

戦争に伴うインフレと対中貿易の激減が容易に予測でき、しかもそれらが日本経済にもたらす恐慌的な作用が警戒されていたはずである。それなのになぜこうした楽観論が、経済界や国民に広がっていたのだろうか。

事変の拡大に伴って、当時、主要な雑誌はすべて特集を組み、臨時増刊号まで出している。たとえば『改造』もそうである。『改造』の一〇月増大号の「支那事変特集」は、この問題を解く手がかりを与えている。

そのなかの「「戦争景気」は出るか」と題する論考を読むと、戦争と景気との関係について、今日の私たちとは異なる常識があったことがわかる。この論考は、日清・日露戦争、第一次世界大戦が景気に及ぼした影響を、次のように指摘している。日清戦争の時は、「戦費よりも賠償金の方が遥かに高いのだから、景気が出たのも無理はない」。また日露戦争の場合も同様で、「償金こそロシアから得られなかったが、約八億円余の外債を英米その他から調達し得たし、……戦後にも「好景気」が出現した」。さらに「欧州大戦になると、すでに戦時中に日本は「成金国」になった」。

日本がそれまでに経験した主要な戦争は、好景気をもたらした。これが同時代の常識だったようである。この常識に縛られた国民の心理は、以下のとおりだったにちがいない。「不景気風が世人の身に染みてくると、市民のなかには、いっそ戦争でも起れやええがな、出来れや外国同士がポンポン撃ち合ってこっちが高見の見物ならこれに越したことはないがと、虫のいいことを希望するものも少くなかった」。

日本は、「支那事変」の当事国である。「高見の見物」をすることはできなかったはずである。ところが連戦連勝を伝える新聞の報道と、この年の末に首都南京が陥落したことは、国民に事変の早期解決を期待させた。気の早い雑誌のなかには、事変後を考える特集を組むものさえあった。「戦争はもうかる」。軍需を中心とする需要の拡大は、国民に景気への楽観論を信じさせた。

†政党も戦争を歓迎した

日中戦争が政党、とくに無産政党に歓迎されたことは、よく知られている。無産政党にとって、戦争は「革命」の絶好のチャンスだった。たとえば昭和一三年に制定された国家総動員法は、「社会主義の模型」として積極的に受け入れられている。この法律の下で、富を再配分することができれば、それが日本の「社会主義」化だったからである。

同じ年には、厚生省が設置され、農地調整法も作られている。労働力、兵力としての国民の力を強化する目的でありながら、厚生省設置後、事実として社会保障制度の拡充が図られた。また食糧増産を目的とするこの法律は、地主に対する小作人の地位を相対的に向上させた。さらに戦場に赴いた男性の役割を銃後において補うことで、女性の社会進出が顕著になったことも、よく知られているとおりである。

政友会や民政党も同様である。事変勃発後の第七二議会は、わずか五日間の会期で、政府案をまるごと承認している。ここに政党の民主主義は、決定的に敗北したかにみえた。ところがこのような政党を支持したのが、意外にも馬場《ばば》恒吾《つねご》である。新聞記者出身のジャーナリストで、自由主義知識人の馬場は、議会制民主主義を擁護する論陣を張っていた。その馬場は先の『改造』一〇月号で、議会が政府案を「批判修正する意志がなく、従って努力もしなかった」と認めながらも、「私は議会はそれでよいのだと思っている」と支持している。

なぜ「議会はそれでよいのだ」ろうか。馬場は言う、「私は戦争の讃美者ではない」。しかし「願くば我軍に勝利あれと祈る。……負けてはならぬと思う。……議会は国民のこの気分を反映している」。このように述べる馬場は、戦争に伴う挙国一致的な国内政治の協力体制が、この戦争後の国内秩序に及ぼす影響に期待していた。

「平和が快復するとき、議会に於て国内問題に関する議論は再び盛んになるであろう。併しその時は政党もファッショも共に反対勢力と協力して国家に奉仕したいという記憶の上に立つ議論である。相手を敵視するのでなく、相互に相当の理解と信頼を以てする議論である。……それが事変の政治的効果である」。馬場は政党勢力擁護の立場から、戦時下の議会を支持した。

しかし、議会制民主主義擁護の信念をもつ馬場といえども、目の前で拡大する戦争をどうすればよいのか、はっきりとした見通しを持つことができなかった。「欲を云えば当面の問題たる日支事変に対する徹底的の考察を試みなかったことが遺憾である」。これは馬場の自省の言葉とも受け取ることができる。「われわれは支那と戦うのが目的ではなく、支那と提携するのが目的だと云う趣旨を徹底さすべきだ」。これでは政府の立場と何ら変わるところがない。

事実、戦争目的は不明確なままだった。昭和一三年一月、近衛内閣は、直接にはドイツを仲介国とする和平工作が失敗に終わったことを受けて、「爾後国民政府を対手とせず」との声明を発表する。これで国民は、いよいよ何のために中国と戦争をしているのか、わからなくなってしまった。戦争の早期解決の可能性は失われた。

†「東亜ブロック」

もっともこれによって日本経済がすぐに悪化したわけではない。石橋湛山の判断は、次のとおりだった。「日支事変が始って以来の我経済界は本質的には決して不景気とは云えない。何となれば全体として、諸産業の仕事は忙しく、暇はない。……今の日本は確かにフル・エンプロイメント、即ち労力が剰りなく使われている状態にある。之は断じて不景気の現象ではない。好景気の証拠である」(昭和一三年一月八日「論説」)。

このような客観的分析にもかかわらず、石橋は、日本経済が「不安であり、確信がなく、滅入って居る」ことを認めている。この状況を打ち破るためには、あらためて何のために中国と戦争をしているのか、経済の観点から説得力のある説明をすることが必要となった。ここに初めて、日中戦争をきっかけとして、日本は新たな国際経済秩序、「東亜ブロック」を作るという発想が、政策のレベルで確認されることとなる。

この間の経緯を、エコノミストで、近衛内閣の助言者集団に属していた高橋亀吉が、以下のように説明している（高橋亀吉『戦時経済統制の現段階と其前途』千倉書房、一九三八年）。「日本従来の位置は、ブロック経済の結成に必要な領域を其の傘下に持っていず、従って、ブロック経済化に寧ろ反対するを有利とする事情にあった」。

しかし「日本が、現下の世界的ブロック経済の下に於て、世界第一流国としてのブロック経済的発達を期し得るがためには、東亜ブロックの結成に成功せねばならない」。

高橋によれば、この前段部分から後段部分への転換点となったのが、「支那事変」だった。こうして「支那事変」は、「東亜ブロック」の形成という「世界史的意義」を持つものとして、正当化されていくことになる。

3　沸き起こる中国ブーム

†中国語学習熱

何のために戦っているのかがわからないままに、日中戦争が長期化する過程で、日本国内では、戦争の相手国への関心が刺激された。中国ブーム、中国語学習熱が、国民的規模で拡大する。

日中戦争下の中国ブームは、圧倒的な社会的広がりをもって、日本を席巻した。戦前から中国語教育に携わっていた安藤彦太郎《あんどうひこたろう》（早稲田大学教授、日中学院長などを歴任）の回想は、当時の状況を臨場感とともに伝えている（安藤彦太郎『中国語と近代日本』岩波新書、一九八八年）。

安藤によれば、「当時の「支那語」熱は、こんにちでは想像しがたいほど」で、盧溝橋事件後、「中国語ブームがおこり、入門書、会話書の類が巷にあふれ出てきた」という。そのなかには、『憲兵支那語会話』というきわめて「実用的」な会話本もあったが、もっとも広く読まれたのは、安藤の事実上の師である倉石武四郎《くらいしたけしろう》の本だった。倉石は、一方では岩波書店から『支那語教育の理論と実際』という本格的な著作を世に問い、大きな反響を巻き起こしながら、他方で昭和一三年に『支那語　発音篇』を出版し、この本のレコードまで作り、続いて語法篇、読本篇、繙訳篇、会話篇を刊行した。

倉石はまた中学校向けのテキストを作ろうとした時、小学生用の『初等支那語教科書』が作られつつあったことを知る。それは、「絵ばかりで文字は一つもない」第一巻から始まり、第四巻でようやく漢字が出てくるという、段階を追った「非常に進んだシステム」の教科書だった。日中戦争に伴う中国語学習熱は、このような知的インフラの整備をもたらしていた。

量の変化は質の変化に転化する。中国ブーム、中国語学習熱は、一方ではそれまでの侮蔑、軽蔑、蔑視の感情を拡大しながら、他方では国民のなかから中国を再認識する動きを刺激するようになった。

このような変化の過程を、安藤は興味深いエピソードを交えて説明している。当時、安藤は、ある出版社の臨時職として働いていた。安藤はそこで「下積みの労働者ほど、中国への侮蔑意識がつよいのを発見」する。「かれらの侮蔑的な言辞を聞いて、煮えくりかえる思いがした」が、そのなかの一人が、漢文の教科書の荷造り作業中に、安藤の記憶に残る印象的な一言をつぶやいたという。「チャンコロと戦争していながら、一方でこんなものを中学の教科書にするてえのも、考えれば妙なもんだねえ」。安藤は、日中戦争によって、「中国への関心が煽られ、侮蔑感と親近感の奇妙な同居が見られるようになった」と回想している。

当時の中国ブームも、今の「韓流」ブームと同じで、当初は底の浅いものだったにちがいない。また中国語学習熱といっても、「実用的」な観点から、ビジネスチャンスを活かすツールとして、日常会話本が売れたという程度のものだったのだろう。それでも安藤は、このブームを肯定的に評価した。「たとえブームに便乗していたとしても、……科学的中国語教育の主張は、……一般の中国認識の前進に大きな役わりを果したのである」。

†文化的アジア主義

ここでさらに注目したいのは、中国語学習熱をきっかけとして、文化的なアジア主義の主張が現われたことである。

昭和一三年三月三〜六日の『東京朝日新聞』に、東京帝国大学助教授竹田復《たけだ さかえ》という人物が、「支那語の必要を勧奨す」とのきわめて興味深い一文を寄せている。

竹田によれば、「支那事変」前までの日本の中国認識は次のようなものだった。「残念なことには、支那人を意味する中国人児が訛って出来たチャンコロは、我我が隣邦支那に対する恐るべき軽侮の念を代表するようになり、欧米文化の陶酔と共に、地域的にも、文化的にも、経済的にも、密接不離の関係をもつ肝腎な支那の事情はまるで御存知なく、またそれが少しも不思議に思われなかった」。

その時、「支那事変」が勃発した。「我々の支那に対する知識の貧困がまざまざと証明された」。「支那事変」によって初めて、隣国への日本の認識不足が露呈したのだった。

このように批判する竹田にとって、日中戦争は、日本の中国認識を改める絶好の機会となった。竹田は中国と欧米とを比べて、「支那からは何等文化を吸収し得ないではないか」と反問し、他方で「支那語は言語自体も非文化的劣等な言葉ではないか」との欧米志向＝中国差別を「見当違いも甚だしい」と退ける。

竹田は欧米の言語よりも中国語の重要性を訴えた。欧米の言語は「いわば着物のようなもので、必要には相違ないが、時によって厚薄の差があってもよい。然るに、支那語は、栄養で之が摂取を怠れば我が身の衰弱を来すのである。東洋永遠の平和をめざして進む我国民にその素養の必要なことは火を瞭《み》るよりも明かなことである」。

さらに竹田は、日清戦争以来の「先入的侮蔑感」への反省を迫る。「我が読者階級は欧米の新刊書は競って買うのを誇りとするが、哀しいかな、支那に対しては零といってもよい」。このように日本の知識人の欧米崇拝を慨嘆する竹田は、「相互の諒解なくして、何の東洋永遠の平和があろう」と日中提携のための相互理解の促進を訴えた。

中国侵略をカモフラージュするためのアジア主義的な言説は、日中戦争前にもさまざまな形があった。しかしここに、日本の欧米崇拝＝中国差別意識を批判的に乗り越えようとする文化的なアジア主義の考えが、立ち現われたのだった。

†知の地殻変動

文化的なアジア主義の主張は、軍部主導の中国占領政策を修正する政治的効果を持っていた。日中戦争下、華北地方において、中国人には日本語の修得を誘導し、日本人には中国語の使用を排除することで、中国の文化的な日本化を図るための日本語教育計画が実行されそうになった。このことを取り上げた『帝国大学新聞』に寄せられた東大関係者のコメントは、文化的なアジア主義の立場からの軍部批判だった。

たとえば長与《ながよ》又郎《またお》総長は、「日本の利益のみを慮ることによって支那の人々の生活の安定を脅かすことなく、同情をもって北支の人々をみ、その生活の向上という事を充分に目指してゆかねばならぬ」と語っている。

あるいは長岡半太《ながおかはんた》郎《ろう》名誉教授も、「必要欠くべからざるものは数千年の輝しい歴史を持つ支那国民及び土地に対する日本人の再認識である……支那国民の偉大さ、その世界文化に与えた深甚な貢献の歴史に充分な考慮を払うのが第一の問題である」と中国を再認識すべきことを主張している。長岡は軍部の中国日本化計画に反対し、「支那人に日本語を話させることも結構であろうが日本人は支那時文を学んで支那語を喋らねば駄目だ、漢文科を廃して支那語を習得せしめることだ」と持論を展開し、日本人こそ中国語を学ぶ必要があると指摘した。

欧米学問の直輸入の最先端を走っていたはずの東大で、このように文化的なアジア主義の主張が繰り広げられていたことは、注目に値する。日中戦争は、次にも述べるように、欧米志向の牙城のようにみえた東大の知の地殻変動をもたらしつつあった。

†もう一つのエピソード

その前に、当時の中国ブームに関するエピソードをもう一つだけ紹介しておきたい。

盧溝橋事件の勃発当初から、事変の早期解決に努めていた人物の一人に、外務省東亜局長の石射《いしい》猪太郎《たろう》がいる。蔣介石の抗日の意思が固いとみた石射は、軍部だけではなく、軍部に対して優柔不断な広田外相をも批判しながら、事態の後追いになりがちな対応に忙殺されていた。

その石射は、寸暇を盗んで、ある映画を観に行こうとする。昭和一二年一一月三日、明治節（明治天皇の誕生日）の外務省内での儀式を「早びけして帰宅」した石射は、その日の日記に次のように記している。「帝国劇場の Good Earth〔アメリカ映画「大地」〕を見に行きたるが、超満員で空しく引返す」。

中国民衆の悲惨さとたくましさを謳いあげたパール・バックの名作が、帝国劇場という日本有数の規模の劇場で上映され、しかも「超満員」だったという。一一月といえば、日本は連戦連勝で、南京陥落が目前に迫っていたはずである。中国蔑視の感情も増幅されていたにちがいない。ところが国民は、パール・バック原作の映画に押しよせていたのだった。

石射はやむなく引き返し、後日あらためて帝劇に赴いている。石射の感想は次のとおりである。「大地は相当な力作だ。日支国交始まって以来之だけ支那を観察し描写したものは男にも女にも日本人には居ない。／隣邦を凝視する事をしないで悪口ばかり云う日本人だ、浮ッ調子で深刻味が無い日本文士……彼等は只喰わんが為めにのみ支那を書く」。

石射は、アメリカ人の女性作家が中国の民衆を描いていることに感嘆している。それでは日本はどうか。中国の隣国にもかかわらず、中国を理解している作家はいない。いるのは時局に便乗し、中国の「悪口」をいうばかりの売文作家たちだけだ。このように石射は「大地」を称賛すると同時に、日本の文化状況を批判した。

石射の日記の記述は、示唆的である。文化をめぐる戦争としての日中戦争が、日中米三国間関係に規定されて、どこに向かうかを暗示しているからである。日本はまだそのことに気づいていなかった。

4　文化をめぐる戦争

†矢部貞治のフィールドワーク

先に引用した『帝国大学新聞』の記事は、政府の「北支文化工作」についての東大関係者のコメントをまとめたものである。この記事は、東大のなかで、少なからず反響を呼んだ。軍部主導の「北支文化工作」に東大が関与することになるのではないか、との疑いを抱かせたからである。

このことを心配した関係者の一人に、矢部貞治《やべていじ》がいる。欧米留学から帰国したばかりの法学部で政治学を担当する少壮学者である。矢部は学部内の関係者に事の真偽を確かめた。その結果は、一応、矢部を安堵させるものだった。

矢部がこの件を気に懸けていたのは、同じ頃、外務省文化事業部から委嘱されて、華北地方の現地調査に加わる予定だったからである。矢部は、華北行きの前に、「先入観を与えられ」るのが「不愉快」だった。

ここにみられるように、「北支文化工作」の主導権をめぐって、政府内で軍部と外務省とが競合していた。それほど「文化工作」が重視されたのは、日中戦争が文化をめぐる戦争だったからである。

政府が「領土的野心を有せず」と宣言したことに示されているように、事実上は戦争であっても、それは帝国主義的な目的以外の戦争でなければならなかった。そのような戦争の目的が文化である。新しい共通文化の下で、「東亜」に新秩序を確立すること、これが日中戦争の目的となった。この戦争目的を理解しないで妨害している中国の一部勢力をやむを得ず軍事的手段によって排除することで、「東亜」に新秩序を確立する。これが政府の公式な立場となった。

この戦争目的を明確にするために、矢部を含む知識人たちは、国家によって政治的に動員される。事実、矢部はほどなくして昭和研究会のメンバーの一人として、近衛内閣の助言者となっている。

しかし矢部は、自分の客観的な役割を十分、承知の上で、それでもあえて近衛内閣のブレーンとなって、政策に影響を及ぼそうとした。その矢部にとって、華北の現地調査は、絶好のチャンスだった。現地の状況を踏まえた、現実的で独自の政策を作ることができるからである。

†日本主義への批判

矢部は華北行きの前に、大学の講義で、「日本精神論の批判」を行なっている。矢部からみれば、政府の戦争目的は、「権力による親善の強制、民族としての支那の否定、で他は皆その為めの機構とデコレーション」にすぎなかった。このように政府を批判する矢部は、華北で何を見、何を考えたのだろうか。

矢部は他の東大関係者たちとともに、この年一二月初旬から約三週間の華北におけるフィールドワークに赴く。現地でのヒアリングの過程で、矢部は、軍関係者が「空っぽの兵隊式で実に愚劣」で、「度し難き暴言」を吐いたと日記に記している。その「度し難き暴言」とは、「文化道徳は成るべく弱いのが望ましい」、「政治思想も三民主義、共産主義を排斥し、文化思想も日本伝統のそれを吹き込み、……権力を以てでも外国系大学を退却せしめるつもりだ」というものだった。

矢部は「権力による親善の強制も今の場合は現実的には已《や》むを得ないのであろう」と譲歩する。

しかし、「民族としての支那を否定し、文化道徳を弱めて、如何にして支那人の魂を摑み得ようぞ。魂を摑まずして如何にして東亜永久の平和が可能であろうぞ」と反問し、慨嘆した。矢部は、このように日記のなかで、隣国中国のナショナリズムを尊重しない、自民族中心主義としての日本主義を論難している。

†石原との出会い

他方で矢部は、このヒアリングで、望外の成果を得ることができた。それは石原莞爾との面談である。矢部の石原評は、ほとんど絶賛に近い。「僕はこの旅行で最も快心の人物と考え、氏が軍人として論ずるところが、多く政治学上の論断と相通ずるところのあることに異常な感銘を覚えた」。

石原の何が矢部をここまで惹きつけたのだろうか。矢部の政治学と通底するものがあるという石原の思想とは、どのようなものだったのだろうか。石原は矢部に日中戦争を痛烈に批判して、次のように語ったという。「北支事変そのものが初めから飛んでもない過誤だ」、「南京攻略など実に無定見で、畢竟するに日本軍に自信がないからだ」。

今でこそ、石原が対ソ戦重視の観点から日中戦争の拡大に反対していたことは、よく知られている。

しかし実際に同時代において、石原が持論を披瀝し、矢部が強く賛同していたことは、歴史の後知恵としてではなく、日中戦争にもう一つの可能性があったことを示唆しているのではなかろうか。

さらに石原の合理的な軍事戦略以上に、矢部が石原に魅了されたのは、軍人でありながら、石原が中国ナショナリズムを正当に評価していたからである。石原は矢部に訴えた。「日本は支那とこそ心から提携しなければならぬのに、支那の民族意識をあれだけ強化し得た蔣介石と国民党を否認して、如何にして支那民族の魂を摑むことが出来ようか」。満州事変の首謀者が、中国ナショナリズムを肯定していることの矛盾を衝くことは、容易である。しかし、政治がより少ない悪を選択する技術である以上、日中戦争の早期解決をめざし、この戦争をとおして、新しい日中関係を作る可能性があったことは、記憶されるべきである。

以上のようなフィールドワークの成果を得た矢部は、現地調査報告書を外務省に提出するとともに、昭和研究会に参加する。華北現地調査によって補強された矢部の中国政策構想は、昭和研究会をとおして、近衛内閣の政策に具体的な影響を及ぼすこととなる。

†もう一つの現地調査

矢部の華北行きと入れ替わりのように、ほぼ同じ日程で、華北の中国人大学教授たちの文化使節団が来日している。新聞各紙は、いっせいに使節団を歓迎する記事を掲げた。たとえば『東京日日新聞』は、「支那に対して文化的に働きかける以上、その誇りを尊重せねばならぬこと勿論である」と念押しした上で、「教科書の改訂」「指導者の養成」「東洋文化の研究宣布」「日支両国語の相互普及」「綜合大学建設」といった、今日の日中関係の改善策といってもよいような論題が議論されることへの期待を述べている。『東京朝日新聞』の社説も同様に、「東亜永遠の平和に方向づける東亜文化の振興を急務」とするとの使節団の主張を、「正しい見解」として、「一行の使命が十分の収穫をもって今後の建設に資するところ多かるべきを期待して已まない」と結んでいる。

中国からの日本の現地調査という目的を持つこの使節団を受け入れた日本側委員のメンバーは、東大総長を始めとして、主要な大学の総長、学長を網羅していた。開会のセレモニーでは、近衛首相や木戸（幸一）文部大臣などが次々と祝辞を述べている。このような日本側の布陣に示されているように、政府が中国側使節団との意見交換をいかに重視していたかがよくわかる。

日本側委員四〇名強、中国側委員七名という会議の構成は、いかにもバランスが悪く、日本側からの一方的な議論になったと推測させる。

しかし中国側委員を単に「親日派」、あるいは「漢奸」(対日協力者、売国奴)と呼んで、日本側のお膳立てによる、日本の中国侵略をイデオロギー的に粉飾するための会議だったと即断することは、留保したい。

幸いなことに、会議の記録が残っている。それを読んでみると、中国側委員は、きわめて率直な意見を述べていることがわかる。たとえばある委員は、「支那事変」の原因を、日本の「文化工作」が、「効果がなかったばかりでなく、却って支那国民の反感を煽った」ことに求めている。「日支両国民が同文同種なるが故に親善ならねばならぬということに対して支那国民はどんな答をしたかというと、日本は満州を取ったではないか、他国の領土を取りながら同文同種であるとか共存共栄の為めであるとかうまい言葉を並べても吾々は決して再び騙されるようなことはしない」。中国側委員は、このように強く非難した。

これに対して日本側は、会議の冒頭で事務総長が「今回の日支両国の事変はこれを文化的な戦線であるとも考えられる」との基本的な立場を明らかにしつつ、「従来の文化方針が動もすれば支那民衆の真実に触れていなかったことを認め」た。ここには、思想、文化をめぐる戦争としての日中戦争を戦いながら、中国認識を改めようとする姿勢があった。

†日本側の反省

中国側委員からの真摯な問いかけは、日本側委員の反省を促したようである。委員の一人で貴族院議員の岡部《おかべ》長景《ながかげ》は、新聞への寄稿のなかで、次のように虚心坦懐に述べている。「自分は真の日支の文化提携が出来ないならば、今事変は遂に無益なる犠牲に終ると確信している。もしもそういう事態にたち到るならば、まことに申し訳ない」。

それでは日本はどうすべきか。「今後日本は、よほど慎重に考えて、真に日支の提携を期する必要上からは、彼の国民性に十分な認識を持ち、彼をしてその固有の文化を今後大いに発展向上せしめることについて、希望を持たせつつ日本が適当な援助を与える」べきである。岡部はこのように主張した。日中戦争は、中国を正しく認識する大きなきっかけとなった。

なお中国側一行には、徳富《とくとみ》蘇峰《そほう》と懇談する機会が設けられていた。徳富蘇峰は、国家主義的な言論人としてよく知られている。日中戦争に関しては、「侵略戦争のイデオローグ」としてその言論が批判されている。

しかし蘇峰は、新聞紙上で、日本の政策を激しく批判していた。「厚意の押し売りには、満州国民は閉口している」、「此の一点に於て、立派に失敗してる」。「此の筆法を、更に北支に延長」すれば、「支那の民心は、必らず離反する」。それゆえ日本がなすべきことは、「文化事業と、経済事業」であって、その他のことでは「余計な助言は決して無用」である。

日中戦争は、蘇峰を「侵略のイデオローグ」である前に、文化的経済的な日中提携論者にしていた。文化戦争としての日中戦争は、政治的プロパガンダ以上の歴史的意義を持つこととなった。このことは同時に、侵略主義的なアジア主義政策の再考を促していくこととなる。

5 戦場のなかのアジア主義

†「文化戦士」

文化戦争としての日中戦争は、現実の戦場で、どのように戦われていたのだろうか。

私たちは、日中戦争というと、「南京大虐殺」のイメージしかない。戦場とは、「大虐殺」や「中虐殺」、「小虐殺」が絶え間なく起きていると思い込んでいる。他方でたとえば「南京大虐殺」の証拠写真の真偽が争われているように、私たちは、日中戦争の戦場とはいったいどういうものだったのか、はっきりとはわからないままでいる。

ところが最近になって、日中戦争の実像を知る上で、きわめて重要な史料が復刻された。それは『兵隊』という、昭和一四年に南支派遣軍報道部が創刊した兵隊の投稿雑誌である。本格的な論文形式のものや、小説・短歌・俳句など、兵士による多様な投稿を、兵士たちが戦場で読んでいたのだった。この雑誌の中心的な執筆者の一人に、火野葦平《ひのあしへい》（戦争文学で芥川賞を受賞した作家。『麦と兵隊』がベストセラーになる）がいるように、単なる素人の投稿雑誌ではなかった。

なぜ戦場でこのような雑誌の刊行が可能となったのだろうか。

復刻を機会に設けられた当時の関係者による座談会の発言が、考える手がかりを与えている。「当時、中国戦線では、しょっちゅう戦争してるわけじゃありませんから」。この証言を元にすれば、次のように考えられる。日本軍は、個別の戦闘では連戦連勝で、その結果、中国各地で占領を開始した。占領地域では、「南京大虐殺」のイメージとは異なって、日本軍の支配の下での日常が回復しつつあった。しかも蒋介石は、他日の共産党との内戦に備えて、対日戦争を手控える。戦争はもっぱら共産党軍の散発的なゲリラ戦が主なものとなった。このように考えれば、日本は中国で「しょっちゅう戦争してるわけじゃ」なかったようである。

次に、この雑誌の目的は何だったのだろうか。

別の関係者によれば、当初は「戦意高揚」「プラス娯楽」だった。しかしその後、「〝アジア文化の建設〟というような大きな目的意識の明確化」が図られるようになったという。日中戦争を戦う兵士たちは、自らを「文化戦士」と呼ぶようになる。これによって、彼らは「初めて戦争の意義を解く一つの鍵と新しい方向性を見出し得た」。占領下の日常のなかで、兵士たちは「案外本気になって文化とかアジアとかという事を考えてた」のだった。

当時の中国戦線における彼らは、今日のイラクにおけるアメリカ軍のような立場だったのではないか。イラクの「民主化」を目的に占領を続けながら、いつロケット弾や自爆テロに見舞われるかもしれない。そのようなアメリカ軍の姿は、日中戦争下の日本軍の姿に重なる。「中国の民衆にいかに「日語」教育をし、協力をとりつけようとしても日本兵を白眼視する冷たい眼差し、いつ襲撃されるかも知れないという恐怖」のなかで、彼らはどのように「本気になって文化とかアジアとかという事を考え」たのだろうか。

†「アジアの解放」

この観点から創刊号（昭和一四年五月）を手にとると、巻頭の論考（内藤英雄「東亜新事態に対する我等の覚悟」）が目に入ってくる。注目すべきは、蔣介石に対する非難を、孫文のナショナリズムをもってしていることである。「孫文はその四十年の革命生活中、その主義を通じて欧米の帝国資本主義的侵略と武力的威圧に対抗する事のみは教えたが、敢て日本を敵とせよ、英露と結べとは決して教えなかったのであります」。

同じ著者は、第八号（同年九月）で、孫文を称えて、「彼れの真意は、先ず封建的満洲支配を一掃することによって、デモクラシーの実現を図り、進んで支那民族を欧米勢力から解放して、日本の如き近代的独立国家を築成することであった。即彼れは、大亜細亜主義者であり、欧米帝国主義のアジア支配の一掃を目指していた」。

このように孫文のナショナリズムに共鳴する立場は、明らかにアジア主義的である。日中戦争の目的は、「欧米帝国主義からのアジアの解放」として、戦場においても共有されていくこととなる。

この雑誌の別の論考に接すると、「アジアの解放」は、単なる戦争プロパガンダではなく、政策を伴うものだったことがわかる。この点に関連して、第三号（六月）では、「租界撤廃論」が展開されている。「租界が支那を半植民状態に縛りつけている鉄鎖であり、東亜新秩序建設を進めて行く上に大きな癌をなしてることは周知のことである」。このような反帝国主義の立場から、同論考は、治外法権撤廃・租界返還をめざす外務省に協力する旨、軍部が声明を出したことに同意して、「日本は国際正義に立脚して、彼等欧米の独善的な轍は、踏まず、東亜の事態変化に即する死活の問題から、条理を尽して正当なる租界の改善を提唱」している。ここに欧米に対して租界の撤廃を要求し、日本もまた応じるべきだ、とのアジア主義政策の主張が、戦場の兵士たちから立ち現われた。

†軍政批判

以上にみたアジア主義の立場は、占領軍政のあり方への反省を促すこととなった。たとえば第二八号（昭和一八年三月）に掲載された懸賞評論文の当選作を読んでみる。「見たままに――支那民衆の真の指導者たるを自負せよ」という題名のこの評論文は、題名のとおり「見たままに」、まず広東市内における日本軍の二つの「全く不幸極まる様な事例」に言及することから説き起こしている。それは靴磨きの中国の少年に、当然の代金を払わずに、タバコ一本で済まそうとしたことと、酒場でボーイのサービスが悪いことをなじって殴りつけたことだった。

このエピソードから、著者は深く反省する。「東亜の解放を目的とし、欧米物質文明の克服を目標としていることは我々がよく口にし、知悉するところである。／然るに前に述べた様な事象は、これ等の理念を裏切って再び心に省みねばならぬ、驚くべきそして悲しむべき矛盾を我々の眼前に露呈した」。

「アジアの解放」の理念から占領軍政の現実を批判するこの論考は、きわめて興味深いことに、石原莞爾の名前を具体的に上げて、石原の「指導者原理」に賛意を示し、次のように主張している。「指導は強制ではなく、力による強行ではないのである。仮りに若し我々が力のみを強行し、東亜の民族を圧服し、以て彼等の指導権を得たとするならば、それは英米の東亜に対する覇道主義を踏襲しその後塵を拝するに過ぎなく、聖なる戦の意義を冒瀆するものである」。

ここには先にみた矢部貞治の主張と見間違うばかりの論旨の一致がある。戦場の最前線においても、占領軍政を自省しながら欧米帝国主義を批判する、侵略主義的ではないアジア主義の思想が芽生え始めていたのだった。

しかし日中戦争は、すぐに解決することなく、長期化、持久戦化した。これによって戦場においては軍の存在が圧倒的になったはずである。ところが戦場の現実は、必ずしもそうではなかった。

戦線が拡大していく過程で、占領軍政も地域的に広くなり、期間も長期化した。また日中戦争は、軍事的というよりも、すでにみたように、文化的な戦争として戦われるようになっていた。さらに占領行政を長期的に展開する必要から、占領軍政の政治的・経済的な側面が重要なものとなっていく。しかも軍は、拡大する戦線に忙殺される。ここに陸軍の影佐《かげさ》（禎昭《さだあき》）軍務課長が語ったといわれるように、「現地軍は一切政治経済から手を引き、作戦に専念することにしたい」という軍部の態度が生まれることとなった。

実際のところ、占領軍政とは、軍の管理下で工場の操業を再開するとか、日本語教育を行なうといった類のことをするのであって、影佐の発言もそのまま受け取ってかまわないだろう。たとえば占領地域では、経済再建が急務となっていた。そこで軍の特務機関は、公共事業や重要資源の開発を目的とするさまざまな国策会社を設立する。軍にとっては、こうした組織に関与し続けることが、負担になっていたのである。

†アジア主義の政策化

このチャンスを活かそうとしたのが、日中戦争の経済的な側面を現地の陸軍において一手に引き受けていた岡田《おかだ》酉次《ゆうじ》である。のちに陸軍主計少将にまで上り詰める岡田は、東大経済学部出身の経歴にふさわしく、日中戦争の遂行を経済的な観点から統括するのが任務だった。先にふれた国策会社の設立にも、岡田は関与している。

岡田の回想によれば、「案の一つ一つは中国側との利害関係、特に民衆に対する配慮が大切であり、なかには政府要人との間に直接の利害関係があって微妙な立場に立たされることも少なくなかった」という。それでも岡田は「民衆に対する配慮」をしながら、戦後、中国政府から「漢奸」と非難されることになる「親日派」と信頼関係を結び、占領行政をとおして、日中経済提携を進めようとした。

このような工作に現地で従事していた岡田にとって、内地から追い風が吹いてくる。中国に対する政策を統合する政府機関が構想されるようになったからである。岡田は軍部の意向を、「速やかに政経関係より手をひき作戦に専念する必要に迫られ、対華中央機関の迅速なる設置を望んだ」ものと解釈した。岡田によれば、池田《いけだ》（成彬《しげあき》）蔵相も「軍が政治経済に関する権力を奉還するというのは、われわれの力でできないことを向うからいうのだから、この機会を失しては手も無い」と、賛成したという。この占領軍政の主導権を軍部から奪い返すための「対華中央機関」は、興亜院となって実現する。

ここに戦場のなかのアジア主義は、政策として具体的な形を与えられて、刹那の輝きを放ち始めた。

©毎日新聞社

第５章

なぜ「東亜新秩序」は実現しなかったのか

蠟山政道（1895〜1980）
政治学者。昭和研究会の中心メンバーであり、近衛文麿のブレーンであった。38年「東亜協同体の理論」を発表。大勢に同調することなく平衡感覚を持った貴重な存在であった。

第５章　関連年表

1937年(昭和12)	7月　7日	盧溝橋事件
	12月12日	揚子江で米艦パネー号を日本の海軍機が撃沈
1938年(昭和13)	1月16日	「国民政府を対手とせず」声明
	11月　3日	「東亜新秩序」声明
	12月20日	汪兆銘，重慶を脱出
1939年(昭和14)	1月　5日	平沼(騏一郎)内閣成立
	2月26日	斎藤博前駐米大使，ワシントンで客死
	4月17日	アメリカ巡洋艦アストリア，斎藤の遺骨を護送し，横浜港入港
	6月14日	日本軍，天津の英仏租界を封鎖
	7月12日	英国排撃市民大会が日比谷公会堂で開催
	7月15日	天津租界封鎖事件をめぐる日英会談
	7月26日	アメリカ国務長官，日米通商航海条約の廃棄を通告
	8月21日	天津租界封鎖事件をめぐる日英会談，決裂
	8月23日	独ソ不可侵条約成立
	8月28日	「欧州情勢は複雑怪奇」と平沼内閣，声明を発して総辞職
	8月30日	阿部（信行）内閣成立
	9月　1日	第二次欧州大戦始まる
1940年(昭和15)	1月16日	米内(光政)内閣成立
	3月30日	汪兆銘政権成立
	6月12日	天津租界封鎖事件に関する日英間仮協定成立
	7月12日	イギリス，ビルマ・ルートの一時封鎖を発表
	7月22日	第二次近衛(文麿)内閣成立
	9月23日	北部仏印進駐
	9月27日	日独伊三国同盟成立
	10月12日	大政翼賛会発足
1941年(昭和16)	7月18日	第三次近衛(文麿)内閣成立
	7月28日	南部仏印進駐
	8月　1日	アメリカ，対日石油輸出全面禁止
	10月18日	東条(英機)内閣成立
	12月　8日	真珠湾攻撃

I 日中戦争下の知識人たち

†この章の課題

日中戦争は日本にとって、危機であると同時に、好機でもあった。このチャンスを活かそうとしたのが、戦時下の知識人たちである。ある者は、中国のナショナリズムを再認識するきっかけと考えた。また別の者は、戦争の早期解決をとおして、蔣介石の中国との間で欧米に対抗する同盟関係を築こうとした。あるいはこの戦争を奇貨として、新しい東洋文化を打ち立てるべきだと論じる者もあった。

彼らは自己の考えを実現するために、体制の側に接近する。体制の側も彼らを必要としていた。ここに近衛内閣のシンク・タンクが生まれる。彼らは直接、政策に影響を及ぼすことのできる経路を手にすることとなった。

彼らの政治的な立場はさまざまだった。しかしその違いを超えて、単なる戦争協力に終わることなく、いくつものアイデアを政策提言のなかに盛り込むことに成功する。彼らの主張は、日中戦争をとおして日本の政治・経済・社会・文化を変革し、新たな対外関係を確立することを目的とする、「東亜協同体」、「東亜新秩序」構想へと結実した。

この構想は実現したのだろうか。それとも挫折したのか。またそれはなぜだったのか。ここでは「東亜新秩序」をめぐる議論をたどりながら、知識人たちが日中戦争とどのように知的に戦ったかを明らかにしたい。

†昭和研究会

日中戦争の政治外交指導の責任を負った近衛内閣を支えていたのは、助言者集団の昭和研究会である。昭和研究会とは、近衛の一高、京大時代の学友で、近衛内閣の選挙参謀を務めた後藤隆之助《ごとうりゅうのすけ》が、昭和八年に、近衛内閣の実現を期して、その準備のために作った国策研究機関のことである。

後藤は当初、近衛と相談の上、研究会の中心人物に、東大経済学部教授で自由主義者として知られる河合栄治郎《かわいえいじろう》を担ぎ出そうとしている。しかし河合が固辞したため、二人はかねてより注目していた、東大法学部教授で初代行政学講座担当の少壮学者蠟山政道《ろうやままさみち》に依頼することにした。蠟山は快諾する。昭和八年の近衛の訪米に蠟山が同道していることからもわかるように、蠟山は近衛の信頼の厚い、昭和研究会の重要人物だった。蠟山は、設立時からのメンバーとして、このブレーントラストの中心的な役割を果たし、近衛内閣への政策提言をまとめる責任者の立場に立っていた。

昭和研究会は、政、官、財界や言論界、学界などから、政治的なイデオロギー上の立場の違いを超えて、のべ二〇〇人前後の有力者を擁する助言者集団に拡大する。この本にすでに登場している尾崎秀実や高橋亀吉、矢部貞治らもメンバーとなっている。彼らは、アメリカのケネディ政権を支えた「ベスト・アンド・ブライテスト」たちと同様に、近衛内閣の政策に具体的な影響を及ぼすこととなる。さらに先回りしていうと、ケネディ政権の彼らがベトナム戦争のもたらす運命に苦悩したのと同じように、昭和研究会も日中戦争に苦しむこととなる。

この研究会では、初期の頃から注目すべき議論が展開されている。研究会事務局の酒井《さかい》三郎《さぶろう》の回顧によれば、メンバーの一人、坂西《ばんざい》利八郎《りはちろう》（貴族院議員、陸軍中将）が、昭和一一年六月の研究会で、次のような日中関係論を展開したという。「日本は対ソ問題を考える場合、支那と協力の形をとるべきだし、少なくとも好意的局外中立におく必要がある。現在日支関係は悪いが、支那のためになるようなやり方を考慮すれば、必ず両国の関係はよくなる」。坂西の主張は、その後の昭和研究会による対中外交構想の基調となっていく。

しかし、酒井によれば、中国のナショナリズムをどのように評価するべきかをめぐって、メンバー間には温度差があった。そこで「対支認識の是正ならびに確立」を研究する委員会が設けられることになる。この中国問題を扱う委員会に、「今、若手では一番だな」ということで招かれたのが、尾崎秀実である。尾崎はここで、イギリスの対中政策や、日中経済提携に関する研究報告を行なっている。

ところがほどなくして盧溝橋事件が勃発する。事件直後、蠟山は昭和研究会で、「早急に解決しなければ、事変はどうしようもなくなる」と危惧して、事態の早期解決をめざしている。すぐに現地へ飛んで、状況を把握の上、帰国した後藤や酒井の結論も同様だった。

彼ら昭和研究会のメンバーに共通する考えは、次に引用するように、中国ナショナリズムに対する正当な評価に基づく事変の早期解決である。「中国の民族統一と新しい近代国家の建設は国民的悲願であるから、それをたたこうとか、分裂させようとかの意図を日本が持つかぎりは、あくまで戦いはやまない。……蔣介石と手を握らないかぎりは、和平はとうてい望めない。日本は戦いを収め、蔣介石を立てて近代国家建設に協力しなければいけない。とにかく、最小限度の地域を除いては、直ちに撤兵する、その上にあたうかぎり経済援助をする」。

†戦争の早期解決をめざして

そこで昭和研究会は、昭和一二年一二月に事変の収拾策の第一次案をまとめて、近衛内閣に提言した。この第一次案には、明確にアジア主義志向がみられる。蔣介石の国民政府を中国の「唯一の中央政権」と認めること、これは中国が「その民族的統一と、近代的な経済・政治・文化機構建設にあることを認識」していたからにほかならない。しかも「日本の今後の世界政策、すなわち英米ソなどの列強に対する政策において、再建されたる日支関係（日支同盟を予想）が一大主柱となるべきこと」を目標に掲げている。

事変の早期解決をとおして、蔣介石の国民政府との間で、欧米に対抗する日中同盟関係を築こうとする主張がアジア主義的であることは、説明するまでもない。昭和研究会は、単に事変の解決に止まることなく、アジア主義的な日中関係を構想していた。

ところが彼らにとって、「まったく青天の霹靂《へきれき》ともいえる事件が起こった」。昭和一三年一月に、近衛内閣が「国民政府を対手とせず」との声明を発したことである。ドイツを仲介国とする和平工作が失敗したことを受けて発表されたこの声明は、昭和研究会のメンバーたちを落胆させた。酒井はいう、「他の内閣ならいざ知らず、近衛内閣によってこのような声明が発せられようとは、まったく思いもかけぬことであった。この声明によって、蔣介石を相手とする一切の和平交渉の望みはふっ飛んでしまった。私たちはがっかりした」。近衛声明は、このように日中戦争の早期解決を絶望的に困難なものとすると同時に、昭和研究会の構想を台無しにしたのだった。

しかし近衛声明が失敗だったことは近衛自身も認めて、事態の収拾に向けて内閣改造に着手する。他方で今度こそ本気で近衛内閣は、昭和研究会の政策提言を積極的に受け入れていくことになる。

2　日中戦争の再定義

†三木清の活躍

中国との戦争回避を基本国策の前提としていた昭和研究会は、戦争が勃発すると、今度はアジア主義的な立場から事態の収拾をめざすようになった。この方向で政策を立案する過程で、昭和研究会に大きな知的影響を与えたのが、哲学者の三木清である。三木は史的唯物論を講じる大学教授だった。昭和五年に共産党のシンパとして検挙され、職を追われたものの、論壇での活躍は変わらなかった。

三木は、『中央公論』(昭和一二年一一月号)に、「日本の現実」と題する論考を発表している。日中戦争の文化史的意義を論じた三木の考えは、酒井たちを魅了した。日中戦争に積極的な意義を見出せず、また昭和研究会全体の理念を求めていた彼らは、三木の思想に飛びついた。

さっそく、酒井は三木と接触し、まず昭和研究会での講演を依頼する。局長クラスの国家官僚や新聞各社の論説委員、『ダイヤモンド』『東洋経済新報』などの経済誌の主幹、その他諸団体の会員を前に、三木が話した演題は、「支那事変の世界史的意義」だった。

酒井が切実に求めていたテーマに、三木は明確な答えを与えた。この講演で三木は、次のように日中戦争の持つ「世界史的意義」を強調したという。「日本は支那事変によって初めて数百万人が大陸へ出ていって、大陸を自分の目、自分の耳でじかに体験した」。

このことの「歴史的意義」を三木は、次のように論じている。「日本文化は、シルクロードを通じてヨーロッパ文化、またインドおよび中国文化の影響を受けてきた。しかし、日本の文化が逆にこれらの国に重要な影響を与えたことは、いまだかつてない。ところが、今度初めて「日本は大陸に出る機会を持ち、日本文化の進出によって、新しい東洋文化を形成するいとぐち」を持つにいたった」。

さらに三木は、このような「世界史的意義」を持つ日中戦争を戦いながら、新しい思想を打ち立てるべきだと訴える。それは「リベラリズム、ファシズムを止揚し、コミュニズムに対抗する根本理念」のことだった。「リベラリズム」と「ファシズム」の「止揚」とは、マルクス主義の系譜を引く哲学者の表現らしく、いかにも難解である。

しかし三木は、同時代の具体的な国内状況を念頭において、このような議論を展開したにちがいない。なぜならば、盧溝橋事件の直前まで、国政選挙では社会大衆党などの無産政党が躍進していたからである。無産政党は、社会民主主義と国家社会主義という二つの異なる政策路線を持っていた。

無産政党が担う社会民主主義を「リベラリズム」と「ファシズム」の「止揚」の結果と考えれば、三木の難解な表現も、理解できないことはない。無産政党が日中戦争を、国内の「社会主義」化の好機と捉えていたことを想起すれば、なおさらである。

†昭和研究会への三木の参加

酒井は、三木のいう「リベラリズム」と「ファシズム」の「止揚」を、「空間的に言えば、「東亜の統一」」、「時間的に言えば、「資本主義社会の是正」」と解釈した。「日本文化の特殊性」を強調するのではなく、また日中戦争の解決が欧米の植民地支配のような「資本主義的侵略」になってはならず、「中国および東洋諸国がそれぞれ独立し、平等な立場で手を結び合うという形にならなければならない」。これを「東亜の統一」によって実現する。酒井は、このような可能性を、三木の思想のなかに発見することができた。

「なんら目標がなければ、犬死となってしまうではないか」。このように慨嘆していた彼らは、三木の講演によって、「迷いに迷いぬいた道に、明るい灯が見えたような気がした」という。あいまいでわかりにくかった日中戦争の目的が、三木によって「東亜の統一」と再定義された。ここに彼らは、戦争の犠牲を正当化できる理念にめぐり合えたのだった。

酒井は、三木に昭和研究会への参加を要請する。これを受けた三木は、文化・思想に関する研究会の設置を提案した。そこで二人は人選に入り、東大で社会心理学を専攻していた新進気鋭の研究者、清水幾太郎《しみずいくたろう》を始めとする何人かを招請する。この研究会の成果は、三木が「新日本の思想原理」と題するパンフレットにまとめて、昭和一四年一月、世に問われることとなる。

†昭和研究会と尾崎秀実

他方で昭和研究会は、尾崎の言論活動をとおして、「国民政府を対手とせず」声明（第一次近衛声明）からの軌道修正を図り、この方向へ国民世論を誘導することに努めていた。

尾崎は『改造』（昭和一三年五月号）において、事態の深刻さを国民に訴えた。「戦争の遂行に必然的に伴われる破壊と、次第に抜け難きものとなりつつある民族的乖離とは真の将来の日支提携をますます困難ならしめつつある」。尾崎は、「日支戦争によって殆んど絶望的に民族的な統一へ駆り立てられた」中国ナショナリズムの持つ「長期抵抗力」への注意を国民に喚起した。

昭和一三年の半ばに、日本軍が中国の主要な拠点をほとんどすべて制圧したあとでも、尾崎の考えに変化はなかった。広範な地域の軍事作戦に成功したにもかかわらず、尾崎は国民に覚悟を求めた。「国民は今や完全に日支戦争の意味を理解すべき時期に到達したと信ずるのである。それは一度び身を抛つことによって直ちに解決する性質のものではなかったということである」。

尾崎にとって日中戦争とは、ナショナリズムをめぐる戦争のことである。それゆえこの戦争の解決が軍事的にもたらされるのではないことは、ほとんど自明だった。尾崎は、次のように予見する。「「戦争はいつ終るか」といったような問題はあまり重要ではなくなって、戦争に変る長期建設の困難な問題が日本国民に課せられることであろう」。それでは「長期建設」は、現に日中戦争が継続するなかで、どのようにして可能となるのだろうか。尾崎によって投げかけられた疑問は、尾崎自身を含む昭和研究会が答えなければならなかった。

昭和研究会の答えとなったのが、昭和一三年一一月三日の第二次近衛声明である。矢部によれば、「一月一六日の声明で「蔣政権を相手とせず」という判り難いことを言ったのに対し、今度は「国民政府と雖も……東亜新秩序の建設のため来り投ずるならば、敢えてこれを拒否せず」という趣旨になっている」。

ここに、蔣政権の否認から軌道修正を図り、「日満支」三国の提携による「東亜永遠の安定を確保すべき新秩序の建設」が、日中戦争の目的となった。声明が中国に求めたのは、「この東亜新秩序建設の任務を分担せんことに在り。帝国は支那国民がよく我が真意を理解し、以て帝国の協力に応えんこと」だった。

3 近衛内閣のマニフェスト

†蠟山政道の再登場

「東亜新秩序」声明の発表のタイミングを見計らうかのように、『改造』の巻頭を飾る論考「東亜協同体の理論」が、一一月号に掲載されている。著者は蠟山政道である。昭和研究会の当初からの主要メンバーの一人として、蠟山はとくに国際新秩序を構想する研究会を主宰した。その研究成果の一部が、『改造』一一月号で、「東亜協同体の理論」として、世に問われることとなった。

蠟山はのちに翼賛選挙下の昭和一七年、衆議院議員になっている。戦後も、お茶の水女子大学学長などを歴任しながら、民社党のブレーンを務め、日本における民主社会主義の理論的指導者として活躍した。このような経歴を持つ人物であるにもかかわらず、一九三〇年代の歴史的経験と同様に、今では蠟山の言説が顧みられることはほとんどない。戦時中の経歴から戦後、公職追放になったこともあって、戦前の蠟山の論策は、著作集にも未収録である。

もとより蠟山は、中国との戦争に反対だった。自分の意図とは異なり、戦争が拡大し、近衛内閣が「国民政府を対手とせず」と声明したことは、それまでの努力が無に帰したかと落胆した。

しかし、近衛内閣が新たな方針を打ち立てる必要に迫られたことで、再び活躍の場が与えられるようになった。蠟山は、「対手とせず」声明の痛手からの回復を、じっとこらえて待つのではなく、傷が癒える間もないくらいに次々と論策を発表することで、試みた。蠟山の「東亜協同体」論は、当時の知識人たちに共有されていた問題関心である「世界のなかの日本」という国家の存在意義をめぐる問題と共振して、「東亜新秩序」「東亜協同体」をめぐる論争を巻き起こし、一世を風靡《ふうび》することとなる。

†「東亜協同体」の論理

蠟山は、何としてもこの戦争を正当化しなければならなかった。これまでのような帝国主義戦争では、日本が中国と戦うことの意味を国民に説明できないからである。蠟山は、この論策のなかで、最初に確認する。日中戦争は、領土や資源、市場の獲得といった、「算盤勘定」ではない、と。この観点から蠟山は、盧溝橋事件当初、政府が「領土的野心を有せず」と表明し、その後も「日支提携」の立場を堅持していることに、国民の注意を喚起した。

それではこの戦争の目的は何なのか。蠟山は、日中戦争の歴史的意義を、次のように強調する。

一言にして云えば世界における東洋の覚醒であり、東洋の統一という世界史的意義を有する現象なのである。

「東洋の統一」といい、「世界史的意義」といい、それらはすぐに、三木清の日中戦争論を想起させる。昭和研究会のメンバーにみられる、文化戦争としての日中戦争という位置づけが、蠟山にも共有されていた。

要するに蠟山にとって何が重要かといえば、それは「東洋に共同の地域を有する諸民族がその世界的使命を自覚すること」だった。日本国民はこのことを理解しつつある。しかし中国国民はまだである。したがって、この戦争をとおして、「東亜に新秩序を建設せんとする道義的理念的目的」を内外に徹底しなければならない。蠟山は主張する。

今次の事変は東洋の日本が始めて西欧諸国の指導や干渉から離れて、独自の立場から大同世界への使命を自覚したことを示している。

これは、間違いなく、アジア主義的な立場の表明である。蠟山がこのように主張する以上、「東亜新秩序」構想は、アジア主義的な国際秩序構想だったと考えてよいだろう。しかも蠟山は、アジア主義の限界に十分、自覚的だった。自覚的どころか、否定的ですらあった。岡倉天心《おかくらてんしん》のよく知られた惹句「アジアは一つ」を、「芸術的直感」ではあっても、「東洋は有史以来今日に至るまで、政治的には勿論、文化的にすらその統一を自覚しなかった」と指摘しているからである。日中戦争によって初めて、日中両国はこのことを自覚するようになった。今こそ「東洋の統一」をめざすべきだ。蠟山はこのように主張した。

†「東亜新秩序」の課題

しかし「東亜新秩序」の前途は多難だった。蠟山の前には、主に三つの問題が立ちはだかっていた。

第一に、どのようにして日中提携を進めるかという点である。「東亜新秩序」の中心的な担い手は、日中両国である。現に戦争している両国の提携はどうすれば可能だったのだろうか。

第二に、欧米諸国とりわけアメリカに対して、どのように説明するかという点である。アメリカを排除しない地域主義が、満州事変以来、一貫して追求されてきた。それではこの問題は、日中戦争をとおして、どのように解決されるべきだったのだろうか。

第三に、「東亜新秩序」と欧米協調との均衡をどのように図るかという点である。言い換えると、アメリカを排除しないアジア主義は、どのようにして可能だったかという問題である。

以上の三点は、日本が地域主義を考える時の普遍的な課題である。今日においても同様だといってよい。「東アジア共同体」の推進力となるはずの日中提携は、二〇〇五年の反日デモを経て、どのように具体化できるのか。また一九九〇年代以降、アメリカは、自国を排除するおそれのあるアジア地域主義構想に対して、実現可能性がわずかなうちからその芽を丹念に一つ一つ摘み取ってきた。そのようなアメリカを説得できるような「東アジア共同体」構想とはどのようなものだろうか。さらにアメリカを排除しない「東アジア共同体」は、可能なのか。

†蠟山の議論から何を学ぶことができるか

以上の今日的な課題は、日中戦争下の日本の外交課題でもあった。そうだとすれば、蠟山の議論から、私たちは、多くのことを学ぶことができるにちがいない。

第一の課題に対する蠟山の答えは、「合理的な開発と計画との樹立遂行が東洋を新たに地域的協同体として創造する」というものだった。「東亜」における「住民の生存と生活の向上」のために、「合理的な開発と計画」を「樹立遂行」する。これが日中提携の具体的な政策構想だった。

第二の課題に答えるために、蠟山は「東亜新秩序」が閉鎖的なブロック体制ではないことを、たとえば次のように強調した。「日満支ブロックの如き単に粗漫であるのみならず、経済のみに偏したる観念は地域的協同体の性質とは凡そ異なるものである」。

蠟山が「日満支ブロック」を明確に否定したのは、当時のブロック経済についての以下のような理解からだった。世界の各経済ブロックは、自給自足が可能なだけの十分な資源を持っていない。しかもブロック内での生産は、ブロック内で消費しきれないほど過剰である。したがって蠟山は言う、「アウタルキー〔自給自足〕にしても、ブロック制にしても、それは消極的な一時的な体制であって、世界構造の原理ではない」。

第三の課題に対する蠟山の具体的な答えは、九国条約の改定だった。九国条約とは、日米中を含む主要九カ国が、中国の「門戸開放」原則を相互に確認するものである。蠟山は、「東亜新秩序」が九国条約と矛盾、対立することを承知していた。

しかし九国条約の廃棄によって、この矛盾、対立を解消しようとしたのではない。蠟山は九国条約の欠陥を「支那の自主的発展については消極的に列国間の対支行動を規定したに止まり、支那自身の発展に積極的に協力する規定を欠いている」ことに見出している。蠟山は、この部分を改定することによって、「門戸開放」原則違反との非難を避けながら、日中提携と対米協調との均衡点において、「東亜新秩序」の建設をめざした。

以上にみた蠟山の議論は、今日の地域主義を考える際にも、示唆的である。日本がどのような地域主義的国際秩序に関与することになるにせよ、その経済的基盤は、蠟山が指摘したのと同じ構造を持っている。そうだとすれば、これからのアジア主義は、アメリカに対抗するためのものではなく、アメリカが主導する経済のグローバル化において成立することによって、新しい国際秩序を導くにちがいない。

4 「東亜新秩序」外交の形成と展開

†開放的地域主義

蠟山の構想は、単なる一知識人の思いつきに止まるものではなかった。実際の外交政策の立案過程において検討された「東亜新秩序」構想と同様のものだったからである。このことは、昭和一五年三月作成の外務省文書で確認することができる。

この文書は、「東亜新秩序」が排他的な経済ブロックではないことを、次のように強調している。

外国資本それ自身を支那から追い出す必要は何処にもない。今後と雖も、支那大陸を開発するためには、広く世界の生産力と技術との参加を得る必要がある。したがって東亜は、全く日本も平等の条件に於いて全世界に開放して可なり。

この文書の作成が、日米開戦の前年だったことに注意したい。私たちは、一九三〇年代の世界的な経済のブロック化の下で、中国をめぐる経済的な対立が日米戦争になったと思い込んでいる。

しかしこの一節に接すれば、そうした考えが俗説にすぎなかったとわかる。日米の経済ブロック間の対立が日米戦争をもたらしたのではない。この文書は、「東亜ブロック」がアウタルキーではない理由を、「東亜ブロック」内よりもブロック外諸国との貿易量のほうが多いことに求めている。これには数字の裏づけがあった。ブロック化の進展にもかかわらず、アメリカは東アジア市場から撤退を余儀なくされていたどころか、日中戦争下でありながら、中国にとって第一位の貿易相手国だったからである。

もっとも「東亜新秩序」構想は、日中戦争の直接的な解決をもたらすものではなかった。このこともあって、「東亜新秩序」は、侵略戦争を正当化するイデオロギーとして記憶されているにすぎない。

ところが同時代における彼らは、蠟山であれ、外交当局者であれ、前途を悲観していなかった。「東亜新秩序」の建設は、日中戦争の行く末がどのようになろうとも、追求されるべき政策課題だったからである。

この政策課題に対する日本外交の答えは、以下のとおりだった。

アメリカ資本を導入して、「東亜」地域の経済開発を進める。その経済開発に必要な技術、人的資源は、欧米よりも日本に求めれば、経済的なメリットがある。また後発国の中国の開発に適任なのは、欧米諸国と較べれば相対的に後進国の日本である。後発国としての共通の事情に通じた日本が提携することによって、中国の経済発展を図る。

「東亜新秩序」は、「東亜」におけるこのようなアメリカ―日本―中国関係によって建設される。外務省の文書は、「東亜新秩序」が「植民地支配型」であることを明確に否定した上で、「新国際関係調整体制」のなかに位置づけている。要するに「東亜新秩序」は、「東亜」の脱植民地化をめざすものだった。

†軍部も賛成だった

「東亜新秩序」構想が具体的な政策を伴う実現可能性のあるものだったとしても、軍部が反対してしまえば、それで終わりではないか。私たちは歴史の後知恵でついそのように考えてしまう。

ところが実際には、軍部も賛成していた。「東亜新秩序」がアメリカ経済に依存しており、それゆえ対米関係の調整が必要であるとの外務省の認識は、このような依存関係からの脱却を図っていたはずの軍部にも共有されていたからである。

南京陥落前後の昭和一二年一二月一五日付の大本営陸軍部による日中戦争収拾案には、次のように記されている。「対米親善の為経済上の提携及輿論の好転に努め……日満支対米間の経済関係を調整利導す」。また戦時物資の動員計画を立案する企画院の昭和一四年三月のある文書も、アメリカからの「新支那建設に対する好意ある経済的協力を誘導す」と同様の方針を踏襲している。「東亜新秩序」の確立のためには、対米関係の調整がもっとも重要であるという点で、外務省と軍部との間に対立はなかった。

「東亜新秩序」における対米関係の重要性は、アメリカへの輸出によって得た外貨で武器を購入し、その武器で中国と戦うという、戦時経済体制の対米依存の現実を踏まえただけではなく、さらに世界経済のブロック化に関する次のような認識に基づいていた。

先の昭和一五年三月の外務省文書によれば、「現在の如く交通、通信の発達を見た世界に於いては、到底封鎖経済は成り立たない」。「世界は既に素朴な封鎖経済に立ち帰ることは不可能なほどに、経済的相互作用を深く営んでいる」。したがって、ブロック経済体制とは、「国際的自由経済の小地域化であり編成替えである」。

昭和一五年における認識は、今日においても共有されるべきだろう。いかなる地域主義といえども、自由経済体制の下でなければ成立しない。自由貿易体制を構成する主要国がアメリカであることは、否定のしようがない。「東亜新秩序」は、世界経済のネットワーク化を前提とする国際秩序構想だったのである。

†和平を求めて

「東亜新秩序」を推進するのは、日中提携である。日中提携の具体的な形は、蠟山たちによって示されている。しかし当の日中両国が戦争状態にあるなかで、提携は可能だったのだろうか。

この問いを解くカギは、もちろん軍部にあった。日中戦争は、個別の戦闘では日本側が勝利を収めながら、首都南京陥落後も、一向に終結する気配がなかった。圧倒的な軍事的優勢の下で、有無を言わせず中国を屈服させる。このような見通しを立てることは困難になった。ここに陸軍内においても、和平の可能性が真剣に模索されることとなる。何らかの譲歩を含む条件を提示しなければ、和平の機会は失われ、戦争の長期化が避けられなくなったからである。

陸軍内での日中戦争収拾策の調整は、昭和一三年の半ばから約半年を費やしている。以下ではこの調整過程の要点をまとめてみたい。

最初に取り上げるのは、この年七月の陸軍参謀本部の「日支関係調整方針案」である。この文書には、次のような注目すべき一節が記されていた。

日支ハ東洋文化ノ再建ヲ以テ共同ノ目標トナシ互助共栄以テ相互ニ善隣ノ関係ニ置カルベキモノナリ

私たちは、なぜ参謀本部が「東洋文化ノ再建」を日中共同の目標に掲げているかを、よく理解することができる。すでにみたように、戦場においても、銃後においても、庶民から知識人に至るまで、中国再認識論が台頭していた。日中戦争は文化をめぐる戦争だった。戦場の兵士たちは、自らを「文化戦士」と呼んだ。このような動向は、直接的にあるいは間接的にも、陸軍の基本方針に影響を及ぼさないわけにはいかなかった。

この「東洋文化ノ再建」は、一一月一八日の最終決定で、「東亜新秩序の建設」へと修正される。「東亜新秩序の建設」をとおして、「東洋文化」を「再建」することが、陸軍の基本目標となった。これは昭和研究会の「東亜新秩序」構想とほとんど同じである。ここに陸軍も容認する日中提携の基本理念が確立した。

ただし「東洋文化ノ再建」というのは、いかにも抽象的で、中国に和平を求めるための具体的な譲歩策にはなっていないと批判することは十分、可能である。この点は、陸軍も自覚しており、先の七月の案には、「日本ハ漸次既得権益（租界、治外法権等）ノ返還ヲ考慮ス」となっている。この項目は、とくに重要である。日中戦争が帝国主義戦争ではないことを強調するためには、欧米とは異なって、日本は中国に対する帝国主義的な既得権益を放棄する必要があったからである。

また陸軍は、中国側が「領土ノ保全ト可及的旧状復帰」を求めてくることに対応して、基本方針の文書に、「支那領土及宗主権（行政権）ヲ尊重スルコト」を明記し、原則として、中国大陸から短期間で日本軍を撤収すると規定した。このように用意された譲歩案は、一一月三〇日の御前会議決定において、「日本軍隊ハ全般並局地ノ情勢ニ即応シ成ルベク早期ニ撤収ス」と、もっとも公式なものとして認められることとなる。

†汪兆銘工作

しかし、以上のような和平条件にもかかわらず、蔣介石は一向に乗り気になることがなかった。いったいどうすれば日中戦争は解決できるのだろうか。

それは最初、現地軍による謀略として始まった。蔣介石政権が和平に応じてこないのならば、和平に応じる中国の政権（つまり傀儡政権）を作り出し、その政府との間で戦争の解決を図る。このような和平工作の可能性が浮上した。

中国側にもこれに呼応する動きが出始める。抗日戦争の過程で、共産党が勢力を拡大していた。本来は反共である国民党の一部がこのことを危惧して、日本側に接近するようになる。その中心人物となったのが、蔣介石政権のナンバー2、「親日派」の汪兆銘である。汪兆銘は側近を伴って、昭和一三年一二月に、国民党政権を離脱する。汪兆銘は、すでに日本側から示されていた諸条件、つまり「防共」のために協力し、満州国を承認する代わりに、治外法権の撤廃と租界の返還を実施し、平等互恵原則の下での経済提携を進めることを受け入れた。しかも新しく作られる政権が日本の傀儡とみられることを十分承知していた汪兆銘は、日本軍に占領されていない地域での政権の樹立をめざした。

汪兆銘の決断をサポートする意味を込めて、近衛内閣は、汪兆銘の中国脱出直後、声明を発表する。そこでは「更生新支那トノ関係ヲ調整スベキ根本方針」として、日本は領土や賠償を求めない、中国の主権を尊重し、中国の独立完成のために、治外法権を撤廃し、租界の返還を考慮する、と宣言されていた。ここに「東亜新秩序」が具体的な形を伴って立ち現われたかにみえた。

†反帝国主義

日本側の和平条件の一つで、中国側への譲歩項目である、治外法権の撤廃・租界の返還は、欧州諸国に対する要求でもある。外務省のある文書（昭和一三年六月）は、次のように主張している。欧州列強の「東亜支配ノ遺物タル租界ノ返還等ヲ実施スルコト喫緊ノ最重要タリ」。日中戦争は帝国主義戦争ではなく、反帝国主義戦争であるとの立場をとる限り、自らが帝国主義的な既得権益を放棄するとともに、列強に対してその権益を中国に返還することを求める必要があったからである。

このような反帝国主義の立場を具体的に明らかにするきっかけとなったのが、イギリスの天津租界封鎖事件である。昭和一四年四月、天津のイギリス租界において、「親日派」のある人物が暗殺されるという事件が起きた。日本側の犯人引渡し要求をイギリス政府が拒否したのをチャンスとみた現地軍は、租界の封鎖に踏み切る。

他方で国内では、陸軍や内務省主導の官製反英運動が展開される。国民は反英の集会、講演会に動員され、「打倒英国」の千人針(「打倒英国」の文字を一文字ずつ糸で縫い出し、あるいは印鑑を押して作ったもの)を陸軍に届け、反英ムードが煽られた。さらに反帝国主義(=「アジア主義」)の「東亜新秩序」の確立を妨害しているのはイギリスである、というキャンペーンが繰り広げられる。事態は日英戦争前夜の様相を呈するまでになった。

しかし日本側は、戦争にはならないことを見越した上で、反帝国主義をデモンストレーションするために、反英運動を展開する。欧州情勢が急迫し、イギリスは極東で具体的な行動をとれないだろうと予測したからである。実際のところ、イギリス側は宥和的な態度で交渉による解決を求めてきた。決定的な対立をあらかじめ防ぎながら、反英＝反帝国主義の立場をアピールすることに、日本側は成功する。

†反英の「東亜新秩序」

イギリスが「東亜新秩序」の敵対国と想定されたことの背景には、軍事外交上の戦略的な判断があった。日中戦争が日本の連戦連勝にもかかわらず、蔣介石が屈服しないのは、中国に対する国際的援助があるからだ。このように判断する軍部は、より具体的に、イギリスからの援助が蔣介石の抗日を支えていると考えた。

イギリスと中国の関係を断たない限り、中国は和平に応じてこない。このような軍部の判断には、それなりの根拠があった。すでにみたように、昭和一〇年における日中英三国による経済提携の可能性が失われたことは、その後の中英接近を促したかにみえたからである。中国はイギリスの経済援助によって国家建設を進め、日本に対抗している。軍部はこのような戦略的判断によって、イギリスへの対抗姿勢を強める。この観点から、汪兆銘工作も、蔣介石の対英依存への政治的打撃をねらうものだったことがわかる。

†「親米」の「東亜新秩序」

「東亜新秩序」の建設過程でイギリスを排除するに当たって、特別な注意が払われたのは対米関係である。「東亜新秩序」は、経済的にアメリカに依存している。しかもアメリカへの輸出によって獲得した外貨で、アメリカから武器を輸入して中国と戦争をしている。この事実を前にして、日本外交は、対英関係とは対照的に、対米関係の悪化を最小限に止めるように努めていた。たとえば昭和一二年一二月、揚子江上のアメリカの砲艦パネー号を、日本軍が爆撃するという事件（パネー号事件）が起きている。アメリカの世論は激高した。日本側は軍部、政府、新聞論調すべてが責任を認め、謝罪する。また斎藤博駐米大使が、事件発生後すぐに、全米中継の放送で、アメリカ国民に直接、事情を説明した。斎藤の努力もあって、日米危機は鎮静化に向かう。

しかしこの時の心労も重なって、斎藤は昭和一四年、アメリカで亡くなった。アメリカ側は、斎藤の遺骨を最新鋭の巡洋艦アストリアで日本に護送するという、もっとも丁重な扱いによって、斎藤の功績を称えた。日本国内ではこの厚遇に、親米気運が高まりをみせる。天津租界封鎖事件で、反英運動が展開されたのと同じ年のことだった。

†中国をめぐる英米間のちがい

イギリスは、アヘン戦争以来、中国を半植民地化し、アジアで帝国主義的な既得権益を持つ国だった。他方でアメリカは、「門戸開放」原則を中国に適用しようとする非帝国主義国である。中国をめぐって英米間にはこのようなちがいがあった。しかも「反帝国主義」＝「アジア主義」の「東亜新秩序」は、イギリスとは対立するものではあっても、アメリカはなくてはならない国際秩序構想だった。ここに「東亜新秩序」外交は、反英と「親米」とを同時に追求することとなった。

5 「東亜新秩序」外交のジレンマ

†なぜ石橋湛山は支持したのか?

昭和一三年一一月の「東亜新秩序」声明は、イギリスと対立しただけでなく、国際的には日本の門戸閉鎖宣言と受け取られた。

しかしこれは誤解であるとして、あらためて「東亜新秩序」声明を支持したのが石橋湛山である。石橋はなぜ誤解だというのだろうか？「支那と列国との貿易を阻害し、其の経済関係を遮断することは、取りも直さず支那の経済的発展を妨害し、従って日本の対支貿易の増進をも遅滞せしむる結果を齎すに過ぎないからである」。

石橋は、日中間に特別な関係が設定されることを否定していない。ただしそれは、排他的なブロックではなく、自然経済圏における日中経済関係を指していた。自然経済圏とは、地理的近接性と経済的相互補完性とによって、日中両国に利益をもたらすものである。しかも石橋にとって、この自然経済圏は、経済の国際化、つまり域外諸国との経済的な相互依存関係の拡大によって、発展するものだった。

石橋は、このような「東亜新秩序」構想に賛成する。なぜならば、これによって中国の経済開発が進むからである。蔣介石政府が抗日を続けても、「新支那を援け、其の発展を誘掖して行けば善い」。ここに日中戦争の目的があった。

石橋が望んだように、経済開発のための対中投資は、日中戦争下、飛躍的に増大する。盧溝橋事件をはさんで、前後二年間に、倍増している。また輸出も劇的に増えている。満州国と日本の占領下の中国本土は、円ブロックに編入された。円ブロック内では、為替レートは一対一である。日本国内での商品の価格と中国国内での価格とが同じであるから、中国に輸出すれば中国での現地価格は割高なものとなり、輸出業者にとっては有利な状況が生まれた。しかも為替リスクはなく、代金は日本円に換えることができた。日本からの輸出は、占領下の中国本土へ集中的に拡大した。

†ジレンマからの脱却を求めて

しかしここで日本経済は、深刻な問題に直面する。対中投資は、石橋の表現を借りれば、公共事業、交通通信事業、鉱工業などの「建設のための長期的固定的性質のもの」であり、すぐに利益をもたらすものではなかったからである。また輸出の拡大といっても、それは円ブロック向けのものであり、円は獲得できても、外貨を獲得することができなかった。日中戦争下、対円ブロックの輸出過剰と、アメリカなど第三国向けの赤字の増加とが明らかとなる。国際収支の悪化が日本経済を圧迫していった。

日中経済提携を進めれば進めるほど、日本経済が逼迫する。このジレンマから脱却するためには、国際収支を改善しなければならなかった。その具体策として、政府は、輸出入品等臨時措置法を実施する。円ブロックへの輸出が外貨の獲得にならず、国際収支の悪化をもたらすがゆえに、この戦時経済法によって、政府は円ブロックへの輸出制限に乗り出すことになった。

石橋は、政府の措置を憂慮した。円ブロックへの輸出統制は、「取りも直さず彼地民衆に其の生活必需品の供給を絶つことに外ならない」からである。これでは中国国民に戦争との「二重の打撃」を与えてしまう。「耐え難いのは万一にも之に依り、支那民衆の怨みを買うこと」であり、そうなれば「市場の喪失や、日満支経済提携への支障どころの話でない」と石橋は事態を深刻に受け止めた。これでは戦争目的が失われてしまう。

そこで政府は、今度は国際収支の改善のために、円ブロック以外の地域への輸出拡大に努めなければならなくなった。また円ブロック以外の地域向けの支払いのためには、もちろん円ではなく、外貨建て資産、あるいはより直接的に金製品が必要だった。たとえば昭和一五年の永井荷風の日記に、金供出のうわさについての記述がみられるように、経済問題の深刻化が国民にとって身近なものとなりつつあった。

†アメリカへの期待

他方で日本にとって円ブロックからの輸入品は衣食関係品であり、金属、機械類、石油等の輸入は、アメリカなどの第三国から輸入する以外になかった。それゆえ軍需品を中心として、アメリカなどへの経済的依存がいっそう強まっていく。

アメリカ経済への依存という事実は、「東亜新秩序」外交に、アメリカの互恵通商協定プログラムに対する期待を抱かせることとなった。恐慌克服政策としての互恵通商協定が世界に網の目のように広がり、そのなかに日本も参入することで、自由貿易のもたらす利益を享受できると考えられたからである。

日本側はこの観点から、英米互恵通商協定の締結（一九三八年一一月）を歓迎した。アメリカの自由貿易の原則によって、イギリスの特恵関税ブロックが解体される。これによって、日本の通商貿易の拡大のチャンスが生まれるはずだった。

†アジア主義の末路

「東亜新秩序」外交は、日中戦争の収拾策に関しても、新たな問題に直面する。

汪兆銘工作の結果、汪兆銘の国民政府が南京に成立するのは、昭和一五年三月のことである。汪の政府は日本との間で秘密条約を結んでいる。この条約の第三条は、次のような反英＝アジア主義の内容を持つものだった。「日支両国ハ英国ニ対シ（1）排英教育ヲ秘密裡ニ実施シ且宣伝機関ヲ設置ス（2）南洋ニ対英工作機関ヲ設置ス（3）軍事攻守同盟ヲ締結ス（4）英国ノ東洋ニ於ケル領土並ニ経済勢力ノ排除ヲ開始ス」。欧米一般ではなく、アメリカを慎重に回避しつつ、イギリスを標的として限定しているところに、汪兆銘政権は、アジア主義的な「東亜新秩序」の政治的基盤だったことが現われている。

汪兆銘政権は、「東亜新秩序」にとって、「反帝国主義」の拠点でもあった。それゆえ治外法権の撤廃と租界の返還が約束された。この政権は、日本の傀儡とみられてはならず、広範な自立性を認められるはずだった。

さらにこの政権は、蔣介石政権に取って代わろうとするものではなかった。汪自身も日本側も、このことはよく自覚していた。汪は、蔣介石政権と日本との和平の実現をめざして、政治的な仲介役を務めるつもりだった。蔣介石に和平を受け入れさせるためには、自己の政治的基盤が強固でなくてはならない。そう考えた汪兆銘は、傀儡政権と非難される危険を冒してでも、蔣介石政府と日本のどちらに対しても、日中和平交渉を可能とする程度には、自立的な立場を確保するために、蔣介石政権から離脱した。

汪兆銘が蔣介石に近い人物を伴って政権を離脱したことは、日本側に大きな期待を抱かせた。ところが政権樹立の過程で、汪兆銘の下に参集する人数は、これ以上増えることがなかった。それどころか、当初のメンバーが次々と脱落していった。ここに日本側は、とくに陸軍を中心として、汪兆銘政権の樹立によって日中和平を実現することへの不安が生まれる。代わりに陸軍は、蔣介石政府との直接和平の可能性を模索していく。

†孤立無援の汪兆銘政権

以上のような日本側の対応は、汪兆銘政権に過酷な運命を与えることとなった。汪兆銘は、自己の政権が傀儡とみられないように、いくつもの条件を出している。たとえば政権の地理的な位置は、雲南のような日本の占領地域以外が予定されていた。あるいは日本軍の駐兵も短期間で小規模のものに限定しようとしている。政権の最小限の独立性を確保し、主権を確立するためには、この程度のことはどうしても必要だった。

ところが日本側との交渉の過程で、駐兵の問題はあいまいにされ、首都も占領地域の南京となった。これではまったくの傀儡政権である。なぜ日本側はこのような要求をしたのだろうか。

答えは、汪兆銘政権工作と並行して、蔣介石政権との和平を模索していたことに求めることができる。陸軍にとって汪兆銘政権は、蔣介石政権との和平のためのいわば捨石である。蔣介石との和平のためならば、汪兆銘政権はいつでもすぐに壊せるようにしておかなければならなかった。そうだとすると、汪兆銘政権に自立性を認めることは、できるだけ避ける必要がある。日本側は、第一次世界大戦中の中国に対する帝国主義的な要求、対華二十一カ条要求をはるかに上回る要求を突きつけた。汪兆銘政権は、傀儡政権以外の何ものでもなくなった。

これとは対照的に、陸軍は、蔣介石政権との直接和平に乗り出している。交渉を円滑に行なうために、まず汪兆銘政権の承認を先延ばしにした。他方で蔣介石側には、停戦を求めて、満州国の承認を条件とすることなく、駐兵問題などで思い切った譲歩条件を準備している。また和平に応じるよう、新たな作戦行動を展開し、軍事的な圧力をかけた。以上のような日本側の行動は、ますます蔣介石側を和平から遠ざける結果となった。中国側からみれば、日本は傀儡政権を作り、さらに蔣介石政権に軍事的攻勢をかけてきたからである。日中和平は実現することなく、戦争が持久戦化していった。

他方で汪兆銘政権は、孤立無援のなかで、存在意義を完全に失う。汪兆銘自身、政権樹立のわずか三年後には、日本に事実上、亡命し、翌年、失意のうちに亡くなる。今でも中国で、汪兆銘が「漢奸」の一人として激しく非難されていることは、よく知られるとおりである。

汪兆銘工作は、結局のところ、日中和平をもたらさなかった。しかも蔣介石との和平を求めたために、「反帝国主義」=アジア主義の拠点だったはずの汪兆銘政権の自立性は、日本によって大きく制限されることとなった。汪兆銘政権の末路は、日本のアジア主義外交の末路でもあった。

†「反帝国主義」=アジア主義からの転換

汪兆銘工作によっても日中和平が実現しなかったことは、日本外交の軌道修正を余儀なくさせた。この場合の軌道修正とは、「反帝国主義」＝アジア主義からの日本外交の転換ということである。

この外交転換は、とくに対英関係に関して著しい。昭和一四年の天津イギリス租界封鎖問題をめぐって、日英交渉は、八月に決裂する。ところが汪兆銘政権樹立後の昭和一五年六月になると、一転して解決し、協定が結ばれている。また翌月には、イギリスはビルマ・ルートの一時閉鎖を発表する。日本側は、中国の抗日姿勢の背景には、列国の対中援助があり、イギリスからはビルマ・ルート経由で物資が流入していると考えていた。イギリスはこの対中援助のルートを一時閉鎖し、日中和平を中国側に促そうとした。イギリスは日英通商航海条約の廃棄も自制している。

このように日英関係は、相互に譲歩しながら、緊張緩和が進んだ。前年には、あれほどまでに反英＝「反帝国主義」を強調していたはずの日本外交は、翌年には対英関係の修復に心を砕かなければならなくなっていた。

日中戦争を遂行するためには、アメリカはもとよりイギリスとも経済的な関係を維持しなければならない。この観点は、陸軍にも共有されていく。昭和一五年の陸軍関係のある文書には、次のように記されている。「我国重要輸入国防資源ノ大部分ヲ供給シ我国輸出品ノ最大市場タル英米両国トノ良好ナル経済関係ノ維持ハ両三年ハ絶対ニ必要ナリ」。そうである以上、対英米戦争を避けるべきは当然だった。

†「東亜新秩序」外交の挫折

ところが石橋によれば、「此の形勢は、三国同盟の成立前後から急転した」。つまりこの年に独伊枢軸国と同盟を結んだことが、対外関係、とくに対米関係を決定的に悪化させたというのである。もっともアメリカの態度は、三国同盟によって急変したわけではない。アメリカの対日態度を転換させた直接のきっかけは、前年の天津イギリス租界問題だった。この問題をめぐる日英交渉の決裂に対するアメリカの反応として示されたのが、同年七月の日米通商航海条約の廃棄通告である。以後アメリカは、経済制裁を段階的に実施する。日本外交は、それまでイギリスとアメリカとを明確に区別していた。アジアにおける帝国主義国のイギリスと非帝国主義国のアメリカとは、アジアをめぐって利害関係が異なるはずだったからである。

しかし、これは日本の願望にすぎないことが明らかとなった。日本が「反帝国主義」＝アジア主義を強調したことによって、かえってアメリカが帝国主義国イギリスの肩代わりをする決意を促すこととなってしまったからである。日米通商航海条約の廃棄通告をきっかけとして、石橋の表現を借りれば、「米国は今正式には交戦国ではないけれども、少なくとも経済的には交戦国と異ならな」くなった。ここに「東亜新秩序」外交は、その基礎的条件をほぼ完全に失うこととなった。

その後の日本外交は、対米関係を決定的に悪化させた三国同盟の空文化に努めながら、日米交渉を進める。しかしこのような昭和一六年前半の日本外交は、日米戦争を回避することだけを目的とした、いわば瀬戸際外交だった。新しい国際秩序の確立をめざした「東亜新秩序」外交はすでになく、「経済的な交戦国」アメリカが「正式な交戦国」になる時が、目前に迫っていた。

©毎日新聞社

第６章

歴史の教訓

アジア・アフリカ会議。1955年にインドネシアのバンドンで開催され、29カ国が参加した。大国主導の冷戦状況へ不満を表明したことから、非同盟運動の源流と位置づけられる。

第６章　関連年表

1942年(昭和17)	6月	ミッドウェー海戦
1943年(昭和18)	5月	アッツ島玉砕
	11月	「大東亜共同宣言」
1944年(昭和19)	6月	マリアナ沖海戦敗北
1945年(昭和20)	7月	ポツダム宣言
	8月　6日	広島へ原爆投下
	8月　9日	長崎へ原爆投下
	8月15日	日本の降伏
1950年(昭和25)	6月	朝鮮戦争勃発
1951年(昭和26)	9月	サンフランシスコ講和会議，日米安保条約調印
1954年(昭和29)	10月	コロンボ・プラン加盟
1955年(昭和30)	4月	アジア・アフリカ会議開催
1956年(昭和31)	12月	日本の国連加盟
1960年(昭和35)	12月	「所得倍増計画」発表
1969年(昭和44)	3月	中ソ軍事衝突
1978年(昭和53)	8月	日中平和友好条約調印
1989年(平成元)	11月	APEC発足
	12月	米ソ首脳，冷戦終結を宣言
1991年(平成3)	1月	湾岸戦争勃発
2001年(平成13)	9月	9・11テロ
2002年(平成14)	1月	日本＝シンガポール経済連携協定
	9月	小泉首相の訪朝，平壌宣言
2003年(平成15)	3月	イラク戦争始まる
	8月	六者協議開催
	12月	自衛隊のイラク派遣決定
2005年(平成17)	4月	中国・韓国の反日デモ
	12月	東アジアサミット

1 アジア主義のその後

†「大東亜共栄圏」への跳躍

「東亜新秩序」の挫折にもかかわらず、日本外交は、今度は「大東亜共栄圏」へと跳躍する。日中戦争を解決することなく、さらに東南アジア地域へと武力で「南進」する過程は、決してアジア主義の拡大の過程ではない。それどころか、すでに前章でみたように、「東亜新秩序」が挫折した後に、アジア主義を自己抑制しながら、日本外交は「南進」へと転換した。

この「南進」への転換過程は、日中戦争を解決し国際秩序を作ることがもはや自力ではできなくなった日本外交が、希望的観測の下で、他力本願の国際秩序構想に依存した結果である。以下でこの点について説明する。

日中戦争の自力解決が困難になる一方で、欧州ではヒトラーのドイツが席巻している。「バスに乗り遅れるな」が日本での合言葉となった。枢軸国中心の欧州新国際秩序と連動して、アジアでも新しい国際秩序を作る。ヒトラーの電撃戦に幻惑された日本は、このような希望的観測の下で、欧州情勢に依存する国際秩序の確立をめざした。それが「大東亜共栄圏」である。

しかも「南進」の後、さらに日本は対米開戦に踏み切る。「東亜新秩序」の前提条件だったはずのアメリカの関与を日本が自ら排除することによって、「大東亜共栄圏」は幻となった。満州国一国すらアメリカなしには支えることができなかった日本が、東南アジア全域へと勢力版図を拡大しても、「大東亜共栄圏」は自給自足圏としての実質を欠いた、地図上のものにすぎなかったからである。

「南進」の過程で、陸軍もイギリスと戦争になることは覚悟した。しかし、そうであればこそいっそう、対米戦争を回避しなければならなくなった。イギリスとの戦争であれば、客観的には中国や東南アジアをめぐる日英の帝国主義戦争として、主観的にはイギリスに対する反帝国主義の戦争として、日本は戦うことができた。

しかし「なぜアメリカと戦わなければならないのか?」、これは軍部にとっても説明が困難だった。このことは次のように問いなおすことができる。「日本が真珠湾ではなく、東南アジアのイギリスの植民地に対する軍事的侵攻に止めておいたとするならば、アメリカと戦争することになったのだろうか?」

この点に関して、数年前のある国際フォーラム(二〇〇三年防衛庁防衛研究所主催)で、アメリカの軍事史の専門家に「日米戦争は起こらなかったのではないか？」と質問してみた。それはアメリカにとって「悪夢だ」。これが得られた答えだった。日米通商航海条約の廃棄通告後、イギリスの代わりにアジアで日本を相手にする準備を始めたアメリカ政府としても、具体的な権益をもたない東南アジア地域で、アメリカ国民に血を流すことを求めるのは容易ではなかった。

アメリカ政府のむずかしい立場を結果的に救うことになったのが、日本の真珠湾攻撃である。卑怯なだまし討ちでアメリカの領土を攻撃した日本と戦うことに、理由はいらない。ローズヴェルト大統領は、国民を説得する必要がなくなった。

†京都学派は「大東亜共栄圏」を正当化できたか？

アメリカとの戦争は、特別な正当化の論理が求められた。この作業に動員されたのが、京都学派の知識人たちである。彼らは海軍調査課の研究会で、議論を重ねた。

戦争正当化の論理として彼らが検討したのは、「八紘一宇」である。「八紘一宇」とは、「大東亜共栄圏」建設の理念として、第二次近衛内閣が昭和一五年に明らかにしたものであり、国内で広く行き渡っていた。『日本書紀』からの造語であることに示されているように、この理念は決してアジア主義的なものではなく、日本中心主義的なものだった。この意味で「八紘一宇」の理念は、日本的な価値を追求する京都学派の「世界史の哲学」と共通するところがあったといえる。

しかし彼らは「八紘一宇」の理念に批判的な結論を導いている。たとえば鈴木成高は、アメリカの理念と比較して、「デモクラシーは一つの思想となっているが、八紘一宇は未だ思想ではない」とその問題点を指摘している。「八紘一宇」の理念を否定することはできず、そうかといってアメリカの民主主義が持つ普遍性を哲学者として評価しないではいられない鈴木たちは、「アメリカン・デモクラシーの真理は却って日本の八紘一宇にある」と無理にこじつけなければならなかった。

アメリカの民主主義と日本の「八紘一宇」とが同じであれば、なぜ理念を共有する両国が戦争をしているのか、理解することはむずかしい。実際のところ、「八紘一宇」、あるいは「万人万邦をして所を得しむる」といった「大東亜共栄圏」を正当化する論理は、今日ではもちろんのこと、当時においても国民にはわかりにくかった。

メンバーの一人、田辺元《たなべはじめ》は、早くも真珠湾攻撃から半年後には「国内士気は頓《とみ》にだれてきている」と見抜き、その理由を次の点に求めている。「日本の従来の動きが未だ真の道義性に立脚していず、利害打算を含み、我々日本人が常にこれ迄道義的生命力をもち乍らそれを直接性のままでロゴス化していず、今になってこの事を反省しながらも、尚始めの動機、肉に向った自然性が頭を擡《もた》げてくる。そのため戦が長期化し感激のさめるにつれて気持が崩れてくるのではないか」。

†「大東亜共栄圏」の崩壊

田辺のいう「道義性」の確立とは、日中戦争以来の日本の課題だった。しかし、日中戦争下の昭和研究会には政策を裏づけるだけの客観的な国内外の状況があったのと比較すると、京都学派にはそれがなかった。そのため議論はいきおい抽象的なものになる。たとえば高山岩男《こうやまいわお》は、日本が「大東亜共栄圏」建設のための「道義的生命力」の主体であることを強調して、「それ〔「道義的生命力」〕は我々人間に存する「力」であると同時に、また天地に通じ宇宙に通う「気」に外ならない」と論じているが、この一節が何を意味するか、ほとんどの人がわからなかったにちがいない。

さらに彼らの知的努力がいかに誠実なものだったにしても、日本が道義性を確立する前に、急速な戦局の悪化によって、軍事的な「大東亜共栄圏」ですら、崩壊していく。京都学派の影響力は、昭和研究会の場合とは異なって、日本の具体的な戦争外交にほとんど痕跡を残すことなく失われた。

†「大東亜共同宣言」はアジア主義宣言ではなかった

外交政策の立案者たちは、もっと割り切った議論をしていた。政府は、昭和一八年一一月に「大東亜共同宣言」を発表する。私たちの思い込みとは違って、この宣言からは「大東亜共栄圏の建設」などの文言が慎重に取り除かれている。代わりに、「自主独立」「平等互恵」「開放」といった語句がちりばめられている。「主導国」日本を前提として、日本に「主導」されるアジア諸国と日本とによって作られる「大東亜共栄圏」を否定して、アジア諸国との間で「自主独立」「平等互恵」の原則を確立することが、日本の戦争目的として、新たに掲げられた。

彼らが割り切った議論をしていたのは、アジア太平洋における戦争が拡大するなかで、これらの諸原則が実際には確立することはない、と考えていたからである。それでもあえてこれらの原則を「大東亜共同宣言」として発したのは、戦争目的の明確化というよりも、敗戦準備のためだった。

「大東亜共同宣言」は、よく知られているように、一九四一年八月の英米による大西洋憲章とよく類似した内容を持っている。「大東亜共同宣言」の起草者たちは、つねにアメリカを意識していた。大西洋憲章の掲げる民族自決、自由貿易、経済協力などの諸原則を念頭に置きながら、彼らは「大東亜共同宣言」を起案した。日米は本来、対立する原則をめぐって戦争に至ったのではない。むしろ共通の国際理念を持っている。したがって、たとえこの戦争に軍事的に敗れても、戦争目的は達成できる。このような敗戦の合理化のために、「大東亜共同宣言」が発表された。

「大東亜共栄圏」の否定の上に立ち、アメリカとの理念の共通性を強調する「大東亜共同宣言」が、アジア主義宣言であるはずはない。日本は、アジア主義を掲げて戦争に敗れたのではなく、アジア主義の立場を放棄した上で、アメリカに受け入れられることを求めながら、降伏したのである。

†なぜ継承されなかったのか?

この本でみた一九三〇年代を中心とする戦前のアジア主義外交政策の可能性は、戦後に継承されることがなかった。なぜだろうか。第1章で言及したように、宮台氏はその理由を占領軍の検閲によるタブー化に求めている。

宮台氏はいう、「戦前のアジア主義は、戦中国体論ならびに帝国主義的大陸進出を翼賛した「悪魔の思想」ということで、GHQによってタブー化され、右翼結社の玄洋社も黒龍会も解散させられました。以降、アジア主義が戦後日本人の口の端に昇ることはなくなっちゃいました」。

宮台氏の指摘は、この章での議論を踏まえれば、留保が必要だと思われる。たしかにたとえば、「八紘一宇」は、占領軍によって、字句使用禁止措置がとられた。ところがすでにこの章で明らかにしたように、「大東亜共同宣言」の作成過程で、「八紘一宇」はアジアに対する訴求力のないスローガンとして、自主的に撤回されている。

また右翼結社が解散させられたのも、アジア主義外交にとっては、むしろ好都合だった。なぜならば、戦前のアジア主義外交の展開を妨げたのは、これらの政治グループであり、実際のところ、蠟山や矢部は、右翼団体や超国家主義者によって、戦時中、大学の職を追われ、あるいは抗議の辞任をしている。

より一般的にいって、敗戦そのものがアジア主義外交にとって、チャンスをもたらすこととなった。なぜならば、彼らの構想の実現を妨げた最大の要因である軍部が、敗戦によって強制的に排除されたからである。さらに日本が植民地を失い、アジア諸国が次々と独立していったことも、好機到来となった。日本がそうしたくてもできなかった、アジア主義外交の前提である、アジア諸国の「自主独立」が実現したからである。ここにおいて、戦前のアジア主義外交構想は、いよいよ達成されるべき課題となった。

†戦後のアジア主義外交構想

戦後において戦前の外交構想を実現するために、外務省の「特別調査委員会」の下に、知識人たちが再結集する。この委員会は、もともとは大東亜省によって、戦時統制経済体制を研究するための「日本自活方策研究会」として準備されたものである。第一回の研究会は、昭和二〇年八月一六日に予定されていた。敗戦翌日の最初の研究会で、会の名称が「戦後問題研究会」へと改められる。

この研究会は、大東亜省の解体後、外務省の「特別調査委員会」として再出発する。この研究グループは、蠟山を始めとする昭和研究会のメンバーや、学派の違いを超えたエコノミスト、あるいは各省の国家官僚たちによって構成されていた。彼らの議論は、昭和二一年九月に、「日本経済再建の基本問題」というタイトルの政策提言文書として、まとめられる。

この文書の基調をなすのは、経済的地域主義としてのアジア主義である。「わが国がもともと東亜諸国と経済的にきわめて密接な相互依存関係にあったことは周知の事実である。……十ヶ年に近い戦争を経験したが、その関係は経済の高度化につれて、密接にこそなれ、かかる情勢が今後全面的にくつがえるという何らの証左もない」。ここには「東亜」地域における経済的相互依存関係を前提とする、地域主義の立場がはっきりと宣言されている。

この地域主義の国際秩序構想が、排他的なブロック経済や自給自足圏を意味するものでないことは、「東亜の一体としての経済開発を促進するために東亜地域に外国の援助に裏づけられた綜合開発計画が……不可欠」である、と強調していることから明らかである。

ここにいう「外国」がアメリカであることは、ほとんど自明といってよい。別の文書では、アジア地域主義とは、アメリカによる「太平洋地域の経済統合」への協力と言い換えられている。

†政策化の試み

以上の外交構想は、決して構想倒れには終わっていない。少なくとも戦後の最初の一〇年間には、さまざまな政策化が試みられている。

たとえば一九五四年のコロンボ・プランへの加盟である。南アジア・東南アジアに対するこの経済援助計画への参加をとおして、戦後日本外交は、アジア地域主義の実現を図った。日本はのちにアメリカの協力の下で、コロンボ・プランによるメコン川流域の経済開発計画を支援している。

あるいは翌五五年にインドネシアのバンドンで開かれた第一回アジア・アフリカ会議へ

の出席である。二〇〇五年のアジア・アフリカ首脳会議が、このバンドン会議の五〇周年を記念して開催されたことは、日本ではあまり注目されなかった。ましてや五〇年前のバンドン会議で、日本がどのような発言をしたのかを記憶している人は、今ではほとんどいない。日本はこの会議で、アジア・アフリカ地域における開発計画のための経済援助に関する提案を行なっている。

†なぜ戦後日本外交はアジアを見失ったのか？

しかし次の戦後一〇年の間に、アジアは見失われていく。その理由は、大きく分けて三つあった。

第一は、この時期が高度経済成長期だったからである。自国経済の成功は、アジア諸国に対する優越感を生んだ。アジアは市場《マーケット》であればよく、政治的提携を求める国ではなくなった。

第二は、冷戦の影響である。冷戦下の日本は、アメリカと協調的な外交関係を結ぶことで、平和と繁栄を享受できた。アジアとの関係は、アメリカを仲介国として、間接的なものにとどまった。

第三は、戦後アジアの現実である。一九五五年前後からの一〇年間に、アジア諸国は、たとえば中国とインド、あるいはインドとパキスタンというように、国境線をめぐって軍事衝突を繰り返している。またアジアの大国中国の政治経済体制は、大きく揺らいでいた。朝鮮半島の二つの分断国家は、どちらも「独裁国家」のようにみえた。日本がこれらの国々と連帯することの意味はわかりにくく、結局のところ、アジアは日本外交の視界から消え去った。

さらにその後の冷戦状況の進展によって、米ソの大国間国際政治の下、地域主義は抑制された。アジアへの視点も失われたままとなる。

その米ソ冷戦がようやく終わったことによって、それまで抑制されていた地域主義志向が、一九九〇年代以降、世界各地で顕在化する。日本においても、このような地域主義志向は、アジア主義への関心となって具体的な形を現わしている。

しかしあまりにも長く続きすぎた米ソ冷戦のあとでは、もはや一九三〇年代のアジア主義の歴史的記憶が蘇ることはなかった。

2　これからのアジア主義

†対抗原理としてのアジア主義の限界

過去は現在にとって都合よく思い出される。都合の悪い過去は無視され、あるいはなかったかのように忘れ去られる。一九三〇年代のアジア主義の歴史的経験の場合も同様である。戦前の否定の上に立ち、あるいは戦前を無視する今日の立場からアメリカへの対抗＝アジアとの連帯を考えても、おそらくは同じ誤りを繰り返すことになるだろう。

一九三〇年代の日本外交は、アジア主義を追求する過程で、アメリカなしにはやっていけない現実に直面した。アジア主義的な国際秩序は、アメリカの関与がなければ成立不可能であることが明らかとなった。日本外交は、対米関係を最重要視するようになる。

これを対米従属と呼ぶ人はいないだろう。日本外交は自主的な選択として、アジア国際秩序のための対米協調を模索することになったからである。

一九三〇年代の国際秩序構想をアジア主義と呼ぶならば、アジア主義的な国際秩序構想は、アメリカに対抗して敗れたから挫折したのではなくて、アメリカの関与がなかったから、実現しなかった。

このことは、対抗原理としてのアジア主義の限界を指摘しているといえる。対抗原理としてのアジア主義の限界とは、今日においてもあてはまる。どのような地域主義国際秩序であっても、アメリカの積極的な関与がなくては成立しない。

またアメリカの関与が得られなかった理由が、一九三〇年代におけるアメリカの孤立主義にあったとするならば、今日のアメリカをアジアに、あるいはより広く世界に対して、協調的に関与させることの重要性が、歴史的類推から導き出される。

†石田衣良氏の自衛隊イラク派遣賛成論

この点に関連して、二〇〇三年に自衛隊のイラク派遣反対論が高まるなかで、作家の石《いし》田《だ》衣《い》良《ら》氏が、あえて『朝日新聞』紙上において派遣賛成論を展開したことは、今後も長く記憶されるべきである。

圧倒的な経済力と軍事力をもつこの国〔アメリカ〕は、歴史的に見て、世界の警察官と国内引きこもりのあいだを、極端な振幅で揺れ動いてきた。ソビエト連邦崩壊以降、多極化して混乱しきった世界で、アメリカが再び孤立主義に走ること。それが考えうる世界最大の危機だとぼくは思う。……有事法制の手続きや違憲性で論議も対立している。だが、これらすべてを考えあわせても、この派遣には必然性があると思う。……この問題は「アメリカのいいなり」などといって済ませるような次元にはない。日本はアメリカを世界につなぎとめる橋の役割を積極的に演じる必要がある(『朝日新聞』二〇〇三年一二月一九日)。

国際関係論やアメリカ研究、イラク問題などの専門家、歴史家、ジャーナリストよりも、鋭敏な感受性を持つ作家のほうが国際政治を的確に見通すことがある。アメリカが孤立主義に回帰し、あるいは単独主義を強めればどうなるか。私たちがこの本で考えてきたことと、石田氏の指摘とは一致する。アメリカを国際協調の枠内に引き止めておくこと、その上で東アジアの国際秩序構想への関与を促すこと。一九三〇年代の歴史から今日の私たちが学ぶべきは、このような教訓である。

†中韓はどう出るか?

ただし、アメリカの関与が望めたとしても、問題はある。そのような地域秩序構想を、隣国が容認するかという難問が残されているからである。

たとえば韓国は、近年の国内における「左傾」化から、対外的

表2 各国へ「親しみがある」とした人の割合

	(2002年3月)	(2005年12月)
日本	43.8%	50.3%
米国	31.1%	53.8%
中国	45.3%	39.9%

(出所)『中央公論』2006年3月号, 95頁.

には「反日・反米」＝「親中・親北」になっているという。

ところが韓国の大学生の意識調査の結果（前頁表2）は、興味深い意外なものとなっている。反日デモを経て、「親日」傾向の割合が増え、それ以上に「親米」が高まっている。他方で「親中」がポイントを下げている。大学生の意識が近未来の韓国の意識を指し示すものだとすれば、アメリカの関与する「東アジア共同体」の可能性は、それほど悲観することもないのかもしれない。

問題は韓国ではなく、中国である。中国はアメリカに対抗するために、「東アジア共同体」を利用しようとしている。だから日本は「東アジア共同体」に参画するべきではない。これはもっともな指摘である。

しかし中国が「東アジア共同体」に託した政治的意図があまりにも明白なため、この構想の関係国は、中国から距離をとり始めている。たとえばASEAN諸国は、二〇〇五年一二月の東アジアサミットをめぐる中国の外交主導権の発揮を警戒し、今では対米接近に傾きつつある。日中韓三国首脳会談が再開されないことで、中国への不満も生まれている。中国の反日デモに対して、欧米のメディアは思いのほか中国にきびしかった。国際的孤立化は、日本同様、中国も著しい。国際的孤立化からの脱却をめざして、「中国が「反日」を捨てる日」（清水美和『中国が「反日」を捨てる日』講談社＋α新書、二〇〇六年）が来るかもしれない。

〈開放的地域主義〉

それでは対抗原理ではないアジア主義とは何なのだろうか。ナショナリズムに駆動されるアジア主義が排他的なものになることを見抜いて、ナショナリズムを超克するものとして「東亜協同体」を構想した蠟山政道は、共同体の基軸としての経済の重要性を指摘していた。

最も重要な地域協同体の理論は決してアウタルキーでもブロック制でもなくて世界体制、従って世界政治経済構成の原理であることである。アウタルキーにしても、ブロック制にしても、それは消極的な一時的な体制であって、世界構造の原理ではない。それは、人類の理想を同うし、世界平和を念とし、他民族の共存共栄を願う大調和の世界観を背景としている。

蠟山は、「東亜協同体」を、その基礎となる「東亜ブロック」が閉鎖的なものではなく、他の経済ブロックと多角的な貿易関係を結ぶものとして構想していた。当時においては先駆的すぎる議論も、今なら説得的である。「東亜協同体」がそうであったように、東アジア共同体も、アウタルキーでもブロック制でもない、〈開放的地域主義〉でなくてはならない。そのような国際的地域秩序としての東アジア共同体こそ、「世界平和」と「民族の共存共栄」とをもたらすにちがいない。

以上の「東亜協同体」の理論を、今日に活かすとすれば、FTA（自由貿易協定）のネットワーク化の推進によって、自由貿易体制に依存する〈開放的地域主義〉の東アジア共同体の形成をめざすべきである、ということになる。

このような主張には、東アジア共同体否定論者からの強い異議が予想される。たとえば畠山襄《はたけやまのぼる》氏（通産省の局長や審議官、日本貿易振興会理事長、国際経済交流財団会長を歴任）は、「東アジア共同体の幻想を捨てよ」と題する論考（『中央公論』二〇〇五年九月号）のなかで、中国や韓国と日本との間には共通の価値観はなく、したがって「EAC（東アジア共同体）は実現が不可能ではないか。東アジア自由貿易協定（EAFTA）なら実現可能だろう」と批判する。

FTAがあれば、わざわざ無理して東アジア共同体を作るまでもない、というのはもっともな考えである。しかしFTAは、自由貿易の経済合理性によって、自ずと結ばれるものなのだろうか。FTAは、短期的には自国の特定分野の産業に犠牲を強いるおそれがある。それでも締結すべきだとすれば、経済合理性を超えた政治の意思が必要となる。

現に日本がFTAを結んでいるのは、今のところ、シンガポールのように、政治的には両国関係であまり問題がなく、経済的にも重要性が比較的低い場合に限られている。より重要な韓国とのFTAはなぜ締結されないのだろうか。中国とのFTAは、経済合理性だけで実現するのだろうか。また台湾との関係も無視できないとすれば、いっそう政治的な考慮が求められるのではないか。

要するに、共通の価値観が存在しない東アジアでは、共同体の実現は不可能で、FTAがあればよいというのではなく、FTAの締結を促進するためにも、FTAを正当化できるような、普遍的な価値の共有に向けて、東アジア共同体の形成をめざすべきである。

†自然経済圏

他方で〈開放的地域主義〉は、地域主義といっても、自然経済圏的な発想を基礎としている。「東亜新秩序」あるいは「東亜協同体」構想を石橋湛山が支持したのも、この観点からだった。石橋は、この構想を実現するためには「国際協調主義、而して経済の国際化が必要だ」と論じながら、同時に日満中三国間に特別な関係が設定されることを否定していない。なぜならば、「日本の満州に於ける事業上の発展は、日本からの資本の輸入に依るところが最も多い。即ち満州国に対する日本資本の流入は、物品と機械を以てするところが多いから、自然に他国の事業活動よりも盛んなのである」からだった。

この自然経済圏的な発想に基づく日中提携論が、対米協調と対立しない理由を説明して、石橋は明確に述べている。「経済開発には一国だけが特別なる利益を享受することはあり得ない。米国の利益は殆ど例外なく同時に支那の利益であり、それはまたやがて日本の利益である」。

今日の日本外交は、東アジア共同体がこのような発想に基づくものであることをアメリカに対して説得を続けながら、構想の具体化を進めなければならない。日本が関与する自然経済圏とは、場合によっては北朝鮮をも含む、中国はもちろんのこと、ロシアや韓国などを構成国とする構想である。日本外交は、このような地域主義構想を政策化するために、主導権を発揮すべき国際的責任を負っている。

†異質な他者としての近隣諸国との共存

以上にみた東アジア共同体のアジア主義志向は、主に経済のロジックに導かれて形成されるのであって、決して歴史的文化的な共通性を基礎とするものではない。アジア主義は、アジアの同質性を前提とするのではなく、アジアの多様性の上に成り立つものである。

それゆえアジア主義は、ゆるやかな国家間ネットワークとして形成されるにちがいない。この点に関連して、EUの歴史的経験を単純にあてはめることはできないだろう。EUを理想化することなく、アジアにはアジア固有の歴史があるところから出発する以外にない。その延長線上に、アジア主義が成立する。

要するに、異質な他者として近隣諸国との共存を図ることで、アジア主義外交の形成が始まる。

しかし言うのは簡単だが、実行はむずかしい。近隣諸国との共存のためには、二〇〇五年の反日デモを直接のきっかけとして加速化した、ナショナルな感情の反発がもたらした悪循環を断たなくてはならない。

隣国を責めるだけでは問題は解決しない。私たちは、隣国のシグナルを見落とさなかったといえるのだろうか。反日デモの前年、『人民日報』の評論委員だった馬立誠氏の『日本はもう中国に謝罪しなくていい』が文藝春秋から刊行されている。「対日新思考」外交の一環だった。また二〇〇六年には『氷点週刊』が、自国の歴史教科書を批判する論考を掲載した。同誌は停刊処分に追い込まれたものの、当局への抗議がネット上で展開された。

韓国では、歴史の見直しが国家的規模で行なわれている。過去の「親日派」への責任追及は、きわめてきびしい。しかし同時に、政府としても責任を果たそうとしていることに、注目すべきだろう。韓国政府は、植民地統治下の徴用被害者に対して、日本に請求するのではなく、個人補償をすることになったという。

「共産党の一党独裁の国だから」、あるいは「反日を国是とする国だから」といっているだけでは、かえって国益を損ないかねない。国益を守りながら、隣国との共存を求めるためには、日本とはどのような国であるのかを説明しなければならない。

†小泉首相は説明責任を果たしたのか？

この点で、小泉首相は説明責任を十分に果たしたとはいえない。靖国神社参拝が信念だというのであれば、それを貫けばよかった。ところが「追悼・平和祈念のための記念碑等施設の在り方を考える懇談会」を組織して、新しい戦没者追悼施設の可能性を探る姿勢を見せたかと思えば、答申書が出されても、それを放置する。これでは日本国民であっても、わが国の首相が何を考えているか、よくわからない。ましてや隣国はいっそう強くそう感じるにちがいない。

靖国神社には遊就館という資料館がある。そこにはすさまじいまでの戦争正当化の情念が渦巻いている。日本はまるで戦争に勝ったかのような展示の数々が並んでいる。その最後のコーナーに寄せ書き帳が置いてある。以前ここを訪れた時、次のような趣旨の英文の文章を目にした。「どこの国であっても、自国を守るために戦った兵士たちの犠牲は尊い。日本に対しても同じ敬意を持っている。しかしこの展示の歴史観は、いかなる国の国民の賛同も得られないだろう」。まったく同感である。小泉首相は、あまりにも言葉足らずだった。

これでは隣国との共存が実現するまでにはなお時間を要するだろう。それまでは蠟山政道が六〇年以上も前に指摘していたように、「各民族文化の異質性を尊重し、その民族的背景を認め」なければならない。これは遠い過去のことではなく、今の隣国と日本との課題である。

†脱パワーゲーム

以上にみたように、対抗原理としてのアジア主義の限界を乗り越えて、東アジア共同体を形成し、そのなかで異質な他者としての近隣諸国との共存を実現するためには、たとえばアメリカに対抗するために日中が提携する、あるいは中国との提携が無理ならば、「敵の敵は味方」だからインドと連帯する、などといったパワーゲーム的な発想から脱却し、国際政治のゼロサムゲームをプラスサムゲームへと転換する外交努力が欠かせない。

宮台真司氏は、姜尚中氏との対談のなかで、「盟主なきアジア主義」が「弱者」である中国との「弱者連合」によって実現可能になったと指摘している（『挑発する知』双風舎、二〇〇三年）。しかし中国は明らかに「弱者」ではない。国連安保理常任理事国として制度上、特権的な地位にある国であり、しかも核兵器を保有している。このような中国と日本との「弱者連合」は幻想である。

ただし、「強者」としての中国を強調することには、慎重であるべきだろう。「強者」中国の台頭は、日本の地位の相対的な低下を印象付けることになり、その結果、国際社会に対する責任意識が希薄になりかねないことを危惧するからである。脳科学者の茂木健一郎氏がいうように、「強大な中国の横で、自らのアイデンティティを模索し続けてきたのが、日本という列島国家の本質」（『中央公論』二〇〇五年六月号）なのだとすれば、これからもこれまでと同様に、日本の国家的なアイデンティティの確立をめざせばよいのである。

以上の議論は、もちろんパワーゲームの現実を否定するものではない。そうではなくて、ここでいうパワーゲームからの脱却とは、次のようなパワーゲームが厳然として存在していることから出発する。米ソ冷戦終結後、グローバリズム（アメリカ的価値観の世界化）と反グローバリズムとの対立によって分裂しつつあった世界は、さらに9・11テロを経て、単に国家間のパワーゲームに止まらず、文明間のパワーゲーム（「文明の衝突」）へと対立がエスカレートしている。これが国際政治の現実である。

ことができるのだろうか。

†ゼロサムゲームからプラスサムゲームへ

日本外交は、このような国際政治のゼロサムゲームをプラスサムゲームへと転換することができるのだろうか。

一方では国際協調によって正当化できる範囲で対米協調を進めながら、他方では東アジア共同体がアメリカを含む関係国すべてに経済的利益をもたらすものであることをアメリカに対して説得すること、このような外交努力を自主的な判断によって行なうことができれば、外交的な発言力を強めながら、東アジア共同体へアメリカを誘うことができるだろう。

さらに東アジア共同体の確立過程で、「共通文化圏」が「アジア人」を生み出すことになれば、文明間対立は、少なくともアジアでは避けることができるはずである。私たち日本人は、「共通文化圏」に属する「アジア人」であるという意識を持つことで、アジアにおける脱パワーゲームの条件整備を進めていく必要がある。

国際政治のプラスサムゲームは、安全保障の分野でも展開可能である。たとえば朝鮮半島をめぐる六者協議の枠組みである。パワーゲームとしての国際政治を重視するいわゆる現実主義的な立場からすれば、六者協議という多国間協調の場は、有害無益なのかもしれない。事実、朝鮮半島情勢に関して日本は、アメリカとの二国間関係の調整さえうまくいけば問題ないとの主張があった。

しかしそのアメリカが北東アジアの地域安保秩序の安定を求めて、六者協議の枠組みを守ろうとしている。朝鮮半島の非核・中立地帯化は、六カ国すべてに安全保障上の利益をもたらす。このような多国間協調の枠組みは、長期的にみれば、安全保障共同体としての東アジア共同体の形成を促すだろう。

そのために日本外交は、国連における責任ある行動によって、アメリカを国際主義の立場に返らせる努力を続けることで、国際的な地位の向上を図ることができるにちがいない。

さらに国連からサミット、ＡＰＥＣ、地域経済圏などのさまざまなレベルでの多国間協調のネットワークのなかで、東アジア共同体を実現することができれば、日本とアジア諸国との連帯を、もはやアジア主義と呼ぶ必要はなくなる。そこにアジア主義の歴史的使命が終わることになるからである。

補論　アジア主義──思想と政策の間

†アジア主義を問いなおしているか?

ちくま新書の一冊として刊行されてから一〇年を経て再読すれば、多くの欠点に気づかざるを得ない。それでもちくま学芸文庫に再録されるからには補訂が必要である。欠点を補い尽くすことはできない。せめて大きな難点の一つに言及して、増補版の形式を整えることにする。

最大の難点はテーマが「アジア主義を問いなおす」となっていながら、「アジア主義」そのものを論じていないことである。別言すれば本書は一九三〇年代の日本の対中国政策を追跡しているに過ぎないのではないか。実際のところ、紙幅の大半は一九三〇年代に割かれている。

以下ではあらためてアジア主義の思想と政策を論じることで、このような疑問に答えることとしたい。

1　近現代日本のアジア主義

†竹内好のアジア主義

アジア主義を論じるに際して、中国文学者の竹内好（一九一〇―七七年）のアジア主義論を取り上げることに異論はないだろう。丸山眞男と並び立つ戦後日本の民主主義の主導者竹内は、中国のナショナリズムを参照枠組みとして言論活動を展開した。

竹内にとってアジア主義とは何か。竹内編『現代日本思想大系 9 アジア主義』（筑摩書房、一九六三年）における長文の解説のなかで論じられている。

竹内の議論はアジア主義を定義することの困難さから始まる。竹内は指摘する。「アジア主義は特殊的であり、おそろしく多義的でもある。人おのおの与える内容が異なる。そこで、どうしても一応の限定は付けなければならない。／といっても、私はここで最終的な定義を下そうとは思わない。そんなことはできない」（七頁）。

竹内がこのように記してから半世紀以上が経過している。それにもかかわらず、アジア主義を定義することの困難さに変わりはない。より正確に言えば、アジア主義を論じることの積極的な意義を見出すことが困難になっている。

たとえばそれは近隣諸国に対する態度に現われている。内閣府「外交に関する世論調査」(二〇一六年一月)によれば、日中関係は「良好だと思う」九・五%、「良好だと思わない」八五・七%、中国に「親しみを感じる」一四・八%、「親しみを感じない」八三・二%である。同様に日韓関係は二二・七%対七三・一%、三三・〇%対六四・七%になっている。近隣諸国との冷却関係が継続するなかで、アジア主義を考える積極的な意義は見出しにくい。

別の国際的な要因もある。二〇一六年六月二三日の国民投票の結果、イギリスはEUからの離脱を選択した。日本では長らく欧州統合は模範とされてきた。アメリカ主導のグローバリズムに対抗できるのはEUだ、そのような議論もあった。アメリカの「強欲」な資本主義を抑制するのは私利私欲のない欧州全体に奉仕するEU官僚だった。

ドイツとフランスは第二次世界大戦を含めて何度も戦火を交えた過去を持つ。そのような両国が欧州統合を推進する。日中は独仏のようになるべきだった。

ところが模範だったはずのEUからイギリスが離脱する。フランスは一国主義を強めつつある。ドイツもEUを支えることに疲労している。分裂に向かいかねない欧州統合は模範ではなくなる。日中(韓)で歴史の和解を進め提携することに意義が見失われる。

再び竹内の議論に立ち返る。「たとい定義は困難であるにしても、アジア主義とよぶ以外によびようのない心的ムード、およびそれに基づいて構築された思想が、日本の近代史を貫いて随所に露出していることは認めないわけにはいかない」(一三頁)。

ここから竹内は定義に及ぶ。「どんなに割引きしても、アジア諸国の連帯(侵略を手段とすると否とを問わず)の指向を内包している点だけには共通性を認めないわけにはいかない。これが最小限に規定したアジア主義の属性である」(一四頁)。アジア主義とは「アジア諸国の連帯の指向」である。竹内は広範な概念のアジア主義に対して最小限の定義を与えた。

†アジア主義の時期区分

竹内は続けて言う。アジア主義は「他の思想に依拠してあらわれる。したがって、アジア主義そのものの史的な展開をたどることはできない」(一三頁)。ところが竹内の解説文は、アジア主義の「一八八〇年代の状況」と時期区分を明確にしたうえで、四節に分けて論述している。これらの四節では玄洋社や大阪事件に言及しつつ、『大東合邦論』の樽井藤吉、福沢諭吉、中江兆民の言説を分析している。

そのつぎの節では岡倉天心、宮崎滔天《とうてん》、吉野作造を取り上げたのち、再び玄洋社に戻り、最後は西郷隆盛に至る。竹内にとってのアジア主義の事実上の時期区分はほぼ明治期に重なる。このような構成から推測できるように、竹内が日本のアジア主義を肯定するのは、欧米によって引き起こされた日本の国家的な独立の危機に対して、アジア諸国との「連帯」論が顕現した明治時代ということになる。

別言すれば、日清・日露両戦争を経て国家的な独立を確保し、韓国併合へと対外膨張を続ける明治国家は、竹内にとって批判の対象である。一八八〇年代における樽井の『大東合邦論』に積極的な評価を与える立場であっても、現実の帰結が一九一〇年の韓国併合になった時、竹内は明治期のアジア主義者を非難しないではいられなかった。「これら素朴なアジア主義者たちは、対等合邦が冷酷な一方的併合におわらざるを得なかった歴史の現実に学ぶことを怠った責任からは免れていないだろう」(三七頁)。ここに近代日本のアジア主義は終焉を迎えたかのようだった。

†大東亜会議の虚構

ところが近代日本においてアジア主義の言説が興隆を極めたのは、日中戦争から第二次世界大戦にかけての時期だった。竹内もこのことを認めている。「この戦争の時期には、大アジア主義を名のる書物が非常にたくさん出た。もし書物や論文の表題の量だけで思想が測られるとしたら、これほど大アジア主義が栄えた時期はほかになかったろう」(一五頁)。

竹内に言わせれば、すでにアジア主義は滅亡していた。「大道すたれて仁義ありで、アジア主義はほろびてアジア主義を称する議論が横行したのである」(同頁)。

戦時下のアジア主義思想の一つに「大東亜共栄圏」思想がある。竹内は「大東亜共栄圏」を「アジア主義からの逸脱、または偏向」として否定する(一三頁)。竹内にとって「大東亜共栄圏」思想は思想ではなかった。「大東亜共栄圏」は「アジア主義をふくめて一切の「思想」を圧殺した上に成り立った擬似思想」だった。戦時下の日本は一九四三年に大東亜会議を開催し大東亜宣言を発表した。「これはまったく無内容なものだった」(一四頁)。

竹内はアジア主義の帰結点が「大東亜共栄圏」思想だったことを認める(一三頁)。他方で竹内は「大東亜宣言」の意義を認めない。それはそのとおりだった。大東亜会議に参集した国は、日本の傀儡政権=汪兆銘政権、満州国、フィリピン、ビルマ、自由インド仮政府、タイの六カ国だった。大東亜会議は開催までに一悶着あった。タイのピブン首相は「職を賭しても参加せざる旨意思表明」をした。タイは代理が出席することで体裁を取り繕うことになった。日本政府はインドの独立運動家チャンドラ・ボース主席を招請しておきながら、自由インド仮政府の承認を回避した。これではチャンドラ・ボースから不信感を抱かれても仕方がなかった（井上寿一『昭和の戦争』講談社現代新書、二〇一六年、一九三―一九四頁）。

自由主義知識人を代表する清沢洌《きよし》は一一月七日の新聞で「大東亜宣言」を読んだ。清沢は日記に記す。「これ等が一体、何を日本に与えるのだろう。例によって自慰。困ったものだ」。清沢は各国代表の演説をラジオで聞く。各国代表の演説は英語だった。チャンドラ・ボースもビルマのバー・モウも英語が上手かった。清沢は皮肉る。「帝都の発声が英語であることについて、右翼から抗議は出ないか？」日本主導のアジアの連帯を語る言葉が敵性語の英語であることは、大東亜会議諸国の結束のほどが知れた（井上、前掲書、一九六―一九七頁）。

大東亜会議諸国の結束は、軍部にとって逆効果だった。大本営参謀種村佐孝《すけたか》戦争指導班長は大東亜会議を批判する。「今回の大東亜会議は帝国の戦争目的が恰も大東亜の新秩序建設にあるように英米に逆用せられ、国民にも誤認させたところに、政治的な逆効果があったことが見逃せない」。種村にとって日本の戦争目的はあくまでも「自存自衛」だった（井上、前掲書、一九九頁）。大東亜会議におけるアジアの連帯は虚構にすぎなかった。

†アジアのナショナリズム

竹内は玄洋社のアジア主義を擁護して「大東亜共栄圏」思想を否定する。玄洋社のアジア主義は「見方によっては徹頭徹尾、侵略的」だったものの、その侵略性を隠さなかった（竹内、前掲書、一九頁）。それでもそのアジア主義を擁護したのは、彼らがアジアのナショナリズムを重視したからである。竹内はアジアのナショナリズムを「アジア諸国を結びつけている連帯意識」と呼ぶ（竹内『日本とアジア』ちくま学芸文庫、一九九三年、一二五頁。初出は『東京朝日新聞』一九五五年八月二五日）。このような議論の仕方から明らかなように、竹内はアジア主義とはアジアのナショナリズムと言い換えてもよいほど、アジア諸国の連帯を強調している。対する「大東亜共栄圏」は侵略をカモフラージュした。要するに戦時下のアジア主義はアジア主義ではなかった。

†外交思想史研究の認識枠組み

近代日本の興隆期に台頭したアジア主義は「大東亜共栄圏」思想をもって終焉を迎える。このような竹内の認識枠組みは、外交思想史研究の認識枠組みと位相を異にする。近代日本外交におけるアジア主義は、「日本が欧米との関係で困難に陥ったときに、よりしばしば現れる」（日本政治学会編『日本外交におけるアジア主義（年報・政治学　１９９８）』岩波書店、一九九九年、ⅳ頁）。この通説的な立場に立てば、アジア主義は日本の対欧米外交の従属変数として消長を繰り返すことになる。

外交思想史研究は政府対民間の対抗関係に注目する。アジア主義は政府よりも「民間から提唱されることが多かった」。なぜならば「政府の方が常に欧米との摩擦に慎重だったからである」（同頁）。外交思想史研究の問題関心は、このような政府＝脱亜入欧 対 民間＝アジア主義の対抗関係を前提として、日本外交に対するアジア主義思想の影響を測定することにあった。

日本外交思想史研究における政府対民間の対抗関係に注目した先駆的な研究は、入江昭『日本の外交』（中公新書、一九六六年）である。この研究は政府の「現実主義」対民間の「理想主義」の対抗関係に、日本の外交思想の特徴を見出す。「政府の外交方針はほとんどつねに現実主義的、民間のそれはほとんどつねに理想主義的だったといえる」。ここから入江『日本の外交』は、竹内が言及した玄洋社や中江兆民を取り上げて、アジア主義とは「東洋の団結ということを強調した点で、政府の西洋化政策と対立するものであった」と指摘する（二八頁）。近代日本の外交思想は、政府の「現実主義」＝脱亜入欧 対 民間の「理想主義」＝アジア主義の対抗関係において、歴史的な変遷を辿ることになった。

このような外交思想研究の視座からすれば、「大東亜」思想が批判されるべきは、竹内の場合と同様である。同書は言う。「大東亜における日本の優位、あるいはアジア人のアジアという観念にしても、一人よがりなものだったことは明らかである」（一三四頁）。この点を確認したうえで、つぎの一節の議論の展開に注目する。「しかし大事なことは、アジア主義的なイデオロギーが狂信的なまでに強められ、日本外交の思想となった点であり、明治以来軍事、経済面での具体的な政策のみを軸としていた日本の対外関係が、ここにおいてはじめてイデオロギーを持つようになったということである」（一三五頁）。

同書は政府主導の「現実主義」外交を「無思想の外交」と呼ぶ（一一七頁）。その政府の「現実主義」と民間の「理想主義」が戦時下において交差する。日中戦争から日米戦争に至る過程で、政府の「現実主義」外交（無思想の外交）はイデオロギーを持つことになった。たとえ「狂信的なまでに強められた」ものであれ、そのイデオロギーはアジア主義だった。戦時下の日本外交は、竹内にとって「アジア主義の無思想化の極限状況」（竹内、前掲『アジア主義』、一四頁）だったのに対して、政府の無思想の外交は、この時、思想を持つことになった。

†アジア主義の政治経済史

近年の研究動向は、戦時下のアジア主義が果たした重要な役割に注意を喚起するようになっている。たとえば松浦正孝『「大東亜戦争」はなぜ起きたのか』（名古屋大学出版会、二〇一〇年）は千余頁を費やして、「アジア主義というイデオロギーが「大東亜戦争」を引き起こしていった過程を、政治経済史的に再解釈しよう」と試みている（四―五頁）。同書によれば、日中戦争から「大東亜戦争」への道を不可避にしたのは、アジア主義のイデオロギーだった。

注目すべきことに、同書は冒頭で竹内好の戦時下の論考（一九四二年九月）を引用している。「支那事変から大東亜戦争へ、更にそれを貫いて流れる大東亜共栄圏の理念といったものは、私たちが暗黙の中に頷きあうのと同じ形のものを、支那人に要求するのは無理である」（ix頁）。ここで竹内は「大東亜戦争」の理念が連帯すべき中国に理解されないことを強調しつつ、「大東亜戦争」を必然化させた理念としてのアジア主義の存在を示唆している。この引用によって、同書はアジア主義のイデオロギーを一九三〇年代以降の政治経済史の文脈に位置づけようとしていることがわかる。

同書の分析の焦点は、アジア主義を推進した政治団体の大亜細亜協会（一九三三年設立）にある。アジアの解放を目標に掲げる大亜細亜協会は、反英運動をともないながら、軍人、知識人、文化人、実業界に「イデオロギー・ネットワーク」を広げる。国内外の史料の博捜に裏づけられた緻密な史料実証作業は、日中戦争から「大東亜戦争」に至る政治経済の展開過程を余すところなく再現することに成功している。

以上の考察を踏まえて同書は、近代日本におけるアジア主義の三つの類型を析出する。第一は石橋湛山を主要な提唱者とする「リベラリズムに基づいた理想主義的なアジア主義」である。第二は蔣介石の中国を前提とする「アジア間の連携」であり、財界の藤山愛一郎が代表する。第三は「大亜細亜協会に代表される汎アジア主義の道」である(八四六―八四八頁)。

同書は第一と第二のアジア主義を肯定的に評価する。石橋の理想が実現していれば、アジア主義は「帝国主義自体を内部から揺るがす力となり得た」。第二のアジア主義が政策化したとすれば、日中間で「独立の相互承認と民間財界による軍部抑制という新たな枠組みを提示」することができた。しかし実際には第三のアジア主義が「大東亜戦争」を不可避なものとした。同書は以上のようにまとめている。

同書に対する唯一の疑問は、大亜細亜協会に分析の焦点を合わせたことにある。大亜細亜協会が民間の政治団体であることはいうまでもない。他方で一九三〇年代以降の戦時下のアジア主義は政府と民間の交差を特徴としていた。そうだとすれば民間の政治団体が政府の政策にどのような影響を及ぼしたのかが分析の焦点になるべきだろう。ところが同書はたとえば第一一章にみられるように、外務省に対する大亜細亜協会の影響を推論しているにとどまる。

言い換えると、近衛文麿の助言者集団昭和研究会の知識人や京都学派の知識人が戦時下のアジア主義政策に及ぼした影響を分析することの重要性は、同書をもってしても失われないはずである。

同書は昭和研究会系の知識人の言説を「「聖戦」を権威づける難解な理論として以上の大きな意味があったようには思われない」と退ける（一五頁）。石橋湛山や藤山愛一郎のアジア主義と昭和研究会系の知識人のアジア主義との間に、分析対象としての優劣がどれほどあるのだろうか。

†戦時下のアジア主義外交の帰結

もとより戦時下の知識人の苦悩は深まっていた。矢部貞治は現実を理想に近づけ、状況を奪い返そうとしていた。一九四二年一月二一日の東京帝国大学の講義で、矢部は「世界及び大東亜の新秩序」を論じた。矢部は憤慨する。「大東亜の問題を現実に論ずると学生がげらげらと笑う。何の意味か判らぬ。いい加減な妄想だと考えて笑うとすれば、この激動して進展しつつ世界の現実をすら、身を以て感じないものと言わねばならぬ」（井上、前掲『昭和の戦争』、一七七頁)。それでも矢部は現実政治に関与することをあきらめなかった。

現実を正当化するためのようにしかみえなかったイデオロギーであったとしても、現実を先取りすることがある。竹内好に「無内容」と批判された大東亜共同宣言もそうである。大東亜共同宣言で特徴的なのは、本書の第6章で詳述したように、アジア主義の希薄さである。

さらに大東亜共同宣言は、戦争の目的というよりも戦争終結の目的を国内外に示しながら、あらかじめ敗戦を合理化しておく意図があった。

以上のような大東亜共同宣言の実質的な起草者が重光葵《まもる》外相だったことは想起されるべきだろう。外務官僚のなかのアジア主義者のひとりだったはずの重光がアメリカとの理念の共有を訴求する。要するに戦時下のアジア主義外交の帰結は脱アジア主義であり、米英等連合国との国際イデオロギーの共有だったのである。

†敗戦国のアジア主義

戦前のアジア主義の帰結が脱アジア主義の大東亜共同宣言だったことは、戦後日本のアジア主義の行方を示唆していた。「大東亜戦争」に敗れた日本はアジアを見失った。植民地を失ったかつての帝国日本は極東の小さな島国に戻る。「大東亜戦争」における日本の触媒効果によって、戦後アジアの脱植民地化が加速する。戦後日本はアジアの脱植民地化に背を向けて、いくつかの小さな島々からなる平和な農業国としてひっそりと生きていく決意だった（井上寿一『終戦後史 1945-1955』講談社選書メチエ、二〇一五年、一〇八―一〇九頁）。

アジアへの関心を失わせたのは、敗戦国民としての屈折した感情だった。日本国民は敗戦国の「四等国民」になった。対する中国人、朝鮮人は「一等国民」になった。敗戦国民の平均的な意識としては、日本は中国にではなくアメリカに敗北した。朝鮮半島の独立は棚から牡丹餅であって、自ら獲得したのではなかった。医学生の山田誠也（のちの作家山田風太郎）は、表には出すことのできなかった敗戦国民の感情を日記に記している。「「四等国民め！」と一等国民の支那人が唾を吐く。「吾々は勝利者だ」と朝鮮人が頭をあげて通る」（井上、前掲書、一一二頁）。形式的な「戦勝国」の隣国と敗戦国日本との外交関係の再設定は容易なことではなかった。敗戦国日本はアジア主義を見失った。

†近代化の日中比較

竹内好にとって敗戦は日本のアジア主義の再興の好機到来とはならなかった。戦後もっとも早い段階での竹内の論考（一九四八年四月）は、近代化の日中比較に関心を向けている。竹内はここでアジア主義を「東洋の抵抗」と言い換えて、「そこから東洋の一般的性質を導き出せるのではないか」と考える（竹内、前掲『日本とアジア』、二九頁）。

竹内のみるところ、魯迅がそうだったように、中国には「東洋の抵抗」があった。しかし日本にはなかった。竹内は言う。「日本は東洋諸国のなかでもっとも東洋的でない」（二七頁）。なぜならば日本は近代化の過程で欧米に抵抗しなかったからである。竹内は近代化の出発点の明治維新を革命であると同時に反革命であるとも断じる（四九頁）。明治維新前後の民間のアジア主義よりも政府の近代化＝西欧化路線に注目することで、竹内は非「東洋」の国としての近代化の限界を論じるようになった。

†抵抗のナショナリズム

それでは戦後日本には抵抗のナショナリズムはなかったのかといえば、なかったとは言い切れない。あったとすれば、それは戦勝国アメリカに対する独立を希求する抵抗のナショナリズムだった。当時の論壇のある特集は「日本はアメリカの植民地か」だった（松浦正孝編著『アジア主義は何を語るのか』ミネルヴァ書房、二〇一三年、六五八頁）。敗戦国日本の従属性は宗主国対植民地の枠組みに位置づけられていた。かつて本当に植民地だったアジア諸国との連帯の意識は乏しかった。

このような対米自立志向は今日まで続いている。今日の対米従属批判論に対する批判はつぎの一節を引用することで代えたい。「彼らの主張は戦後日本が自ら好んで従属的で豊かな生活を選んだ事実を引き受けるものではなく、批判の矛先も国民や米国ではなく、ともかく安倍〔晋三〕政権をはじめとする保守派に向けられているのが実情である」(伊東祐吏『丸山眞男の敗北』講談社選書メチエ、二〇一六年、二三五頁)。

同時代においても同様の国民意識の存在を指摘して、『中央公論』(一九四七年九月号、四頁)の巻頭言は言う。「国家だの民族だのと面倒なことをいわずに、ただ世界列強の邪魔にならぬように、黙って日々の金儲けに励んでいれば天下泰平。こうした思想——これも思想とよべるなら——は日を追って有力になりつつある」。敗戦国民は豊かさの追求を優先させて、対米従属の問題を後回しにしようとしていた。

†戦後アジアとの連帯の困難さ

竹内は一九四九年の論考でも日中の近代化のちがいを確認している。「中国の近代化は、日本にくらべると、異質なものとしてあらわれてきている。おなじ後進国でも、日本と中国では、近代化の型がちがう」(竹内、前掲『日本とアジア』、六七頁)。

日中の近代化のちがいを前提として、さらに竹内は一九五〇年に日本とアジアの行く末をつぎのように予測している。「アジアの処女性をもったナショナリズムへ日本のナショナリズムがつながる可能性は、おそらく非常に乏しいのではなかろうか」(一一四頁)。新興のアジアの独立国と日本がナショナリズムによって結びついて連帯する可能性は、竹内のみるところ、非常に低かった。戦後アジアと日本が連帯するのは困難だった。

†アジア・アフリカ会議

戦後日本のアジア主義は思想も政策も見失われた。状況に変化が訪れるのは一九五五年のことである。この年の四月、インドネシアのバンドンで第一回アジア・アフリカ会議が開催される。

竹内好はバンドン会議に期待を寄せる。「アジア・アフリカ会議の開催にあたって、インドのネルー首相が「この会議で何が論議されるかということより、こういう会議が開催されること自体が重大だ」と述べた。この一言は、アジアが世界で発言力をもつようになった今日の新しい動きを、端的に言いあらわしている」。竹内が期待したのは、「アジア諸国を結びつけている連帯意識」としてのアジアのナショナリズムの高揚だった(竹内、前掲『日本とアジア』、一二五頁)。

バンドン会議の主役は中国とインドだった。両国が主導したバンドン平和宣言は、冷戦下におけるる第三勢力としてのアジア・アフリカ諸国の自立を国際的に訴求する効果があった。対する日本の役割は脇役にすぎなかった。

竹内好と梅棹忠夫

バンドン会議の開催にもかかわらず、竹内が浮かれることはなかった。アジアのナショナリズムの高揚を肯定する竹内であっても、そのようなナショナリズムを日本が共有できるのか、否定的に考えざるを得なかったからである。

竹内が注目したのは、一九五七年から五八年にかけて、梅棹忠夫が『中央公論』誌上で展開した「文明の生態史観」説である。竹内は、アジアあるいはヨーロッパと「地理的名称」を用いるのではなく、「第一地域」「第二地域」に区別すべきだとの梅棹の説に同意する。梅棹の観察のとおり、「アジアは均質でない。インドと東南アジアと日本とでは、生活様式がまるきりちがうし、歴史発展の型もちがう」からだった（竹内、前掲『日本とアジア』、八六頁）。近代化の国際比較の視点から日中のちがいを確認済みの竹内にとって、梅棹説は納得がいったにちがいなかった。

竹内によれば、梅棹は「日本はアジアの一員だという通説から出発」しながら、この結論に達した（八六頁）。生態学と思想史とその方法論を大きく異にしながらも、たどり着いた結論（日本はアジアではない）は類似していた。

梅棹「文明の生態史観」のつぎの一節は、近代日本のアジア主義を再考する重要な契機となり得るものだった。「日本近代化の歴史は、いまの、目ざめたる第二地域の社会にとっても、あまりよいお手本にならないとおもう。事情がちがうのだから」。さらにつぎの一節は予言となった。「第二地域における人びとの生活水準は、目にみえてあがるにちがいない。しかし、こんどは、文明は、第一地域とおなじように運転されるかどうか、それはわからない」。

†「大東亜戦争肯定論」

再びアジアへの関心が高まったのは、一九六四年前後のことである。林房雄の「大東亜戦争肯定論」が論壇を賑わしたことが直接のきっかけだった。この年の四月、日本はＯＥＣＤ（経済協力開発機構）に正式加盟している。またこの年の一〇月には東京オリンピックが開催されている。日本は「先進国クラブ」の一員となり、アジア諸国を経済的に援助する立場を強める。

他方でこの年、中国が核実験に成功する。「唯一の被爆国」日本の国民は中国への幻想を持たなくなる。その中国は一九六〇年代にインドと国境線をめぐって軍事衝突を繰り返す。バンドン精神は色あせた。代わりに日本では自国史に対する自己肯定感が強くなる。「大東亜戦争肯定論」が受容される環境が生まれる。

竹内はこの年の論考で「大東亜戦争という呼び名の復活」に「危険な兆候」を読み取る（竹内、前掲『日本とアジア』、九三頁）。竹内はここでも梅棹の「観念的なアジア一体感への反感」を共有している（一〇五頁）。竹内が「大東亜戦争」を肯定するはずはなかった。

他方で竹内は「大東亜戦争肯定論」に効用を認めている。「それは何かというと、日本人がアジアを主体的に考え、アジアの運命の打開を、自分のプログラムにのせて実行に移した、という一側面である」（九四頁）。言い換えると「大東亜戦争」は日本がアジアを主体的に考えるきっかけだった。竹内にとってアジアを主体的に考えるということは、アジア主義を主体的に考えることよりも、中国との国交正常化を進めることを意味するようになる。以後の竹内の問題関心は日中国交正常化に向かう。

それでもアジアへの戦後日本の関心は、一九七〇年代以降も失われることなく、竹内がこの論考の冒頭で指摘しているように、周期的に訪れることになる（九二頁）。

2　アジア主義はどこへ向かっているか

†最近一〇年間の周期

アジアへの関心は周期を描く。そうだとすれば、旧著の刊行（二〇〇六年）からの一〇年間はどのような周期を描いているのか。大ざっぱに図式化すると、アジアへの関心は二〇〇九年を頂点として下降し、二〇一一、一二年を底として反転し、漸進的に上昇する。頂点となった二〇〇九年に何が起きたのか。この年の自民党から民主党への政権交代にともなって鳩山（由紀夫）内閣が成立している。この内閣は外交目標の一つにアジア版EUとしての「東アジア共同体」構想を掲げる。この構想の要点はアメリカを加盟国に入れないことにあった。民主党内閣の「東アジア共同体」構想は、アメリカ主導のグローバリズムに対抗するアジアの連帯を意図していた。他方でこの内閣は対米対等性を追求しようと試みた。その具体的な現われが沖縄基地問題や核密約問題などの解決だった。長く続いた自民党政権の対米協調路線に対して、民主党政権はアジア主義的な外交路線への転換をめざすことで、独自性を主張しようとした。

しかし「国外、最低でも県外」移設による沖縄基地問題の解決は、鳩山首相の勇み足によって画餅に帰する。つぎの首相も同じ民主党から選出された。二〇一一年の東日本大震災を経て、野田(佳彦)内閣が成立する。三代の民主党政権が続く間に、「東アジア共同体」構想は実現が後退していく。

†頂点から底へ

アジアへの関心が底に向かう途中の二〇一〇年に何が起きたか。この年九月に尖閣諸島中国漁船衝突事件が起きる。野田内閣は尖閣諸島に対する主権を主張するだけではなかった。日本政府は尖閣諸島を国有化することに決めた。中国国内で反日デモ、ボイコット、暴動が巻き起こる。

二国間関係が最悪の状態に陥ったのは、日中だけでなく、日韓も同様だった。二〇一二年八月に李明博韓国大統領(当時)が竹島に上陸したからである。また前年の八月に韓国の憲法裁判所は、いわゆる従軍慰安婦問題に対する政府の不作為について違憲との判断を示した。一九六五年の日韓基本条約で解決済みとする日本政府との間で認識のギャップが広がった。

このような近隣諸国関係の悪化を反映して、日本の国民世論も硬化する。二〇一二年一〇月実施の内閣府「外交に関する世論調査」の対前年度比はつぎのようだった。日中関係は「良好だと思う」一八・八%から四・八%、「良好だと思わない」七六・三%から九二・八%。日韓関係は「良好だと思う」五八・五%から一八・四%、「良好だと思わない」三六・〇%から七八・八%。日中、日韓ともに急激な悪化が示されている。

加えて民主党政治は政権内で首相が交代するごとに、より現実主義化=自民党政治化していった。外交も同様である。自民党の親米路線に対抗するはずの「東アジア共同体」路線は野田政権に至って親米路線へ回帰する。政権交代にともなう「東アジア共同体」志向が結局のところ、日米同盟の確認に終わったことは、外交路線の継続性の観点からすれば、悪いとは言えない。しかし対近隣諸国関係の再設定の方向を見失ったことは、見過ごすべきではないだろう。

†戦後七〇年首相談話

対近隣諸国関係が悪化の一途をたどるなかで、二〇一二年九月に野党自民党の総裁選挙が実施される。当選したのは、選挙期間中もっとも対外強硬論を展開した安倍晋三候補だった。第一次内閣の延長線上で、「自立する国家」の「主張する外交」を掲げた安倍候補が自民党総裁として一二月の衆議院総選挙を戦うことが予想された。

ところが実際には安倍の自民党は景気対策一本槍で国民の広範な支持を得て、勝利を収める。第二次安倍内閣が始まる。翌年七月の参議院選挙も同様に大勝する。

第二次内閣になると、安倍首相は抑制的な対近隣諸国外交を展開するようになる。靖国神社参拝は一度だけ（二〇一三年一二月）である。河野談話（慰安婦関係調査結果発表をめぐる一九九三年八月の河野洋平内閣官房長官の談話）と村山談話（一九九五年八月の村山富市首相の戦後五〇年談話）の継承の姿勢も示した。要するに第二次安倍内閣は対近隣諸国関係のダメージコントロール外交を始めるようになった。

二〇一五年八月の戦後七〇年首相談話もこのダメージコントロール外交の延長線上に位置づけることができる。談話発表後、国内外のメディアの批判的な報道にもかかわらず、政府レベルでの中国・韓国の反応は抑制的だった。両国は表立った強硬な対日批判を回避した。戦後七〇年首相談話は、外交関係の修復を軌道に乗せる上で、プラスの政治的効果があった。

†安全保障政策

他方で安倍内閣が中国を軍事的脅威と認識していることはまちがいないだろう。実際のところ中国の急速な軍拡の意図はわかりにくく、安全保障環境の不安定化につながっている。

安倍内閣はつぎつぎと手を打つ。二〇一三年一一月、国家安全保障会議設置法、一二月、特定秘密保護法、二〇一五年九月、平和安全法制二案のそれぞれの法案を成立させる。さらに「地球儀俯瞰外交」に基づく東南アジア諸国をはじめとする頻繁な外国訪問は、対中国包囲網形成の意図があると推測できる。

戦後七〇年の一二月二八日、日韓外相会談が開催される。この会談において両国は「従軍慰安婦問題」の「最終的不可逆的な解決」で合意した。この会談に先立つ谷内《やち》(正太郎)国家安全保障局長の訪韓が示唆するように、安倍首相は「従軍慰安婦問題」を歴史認識の問題ではなく、安全保障の問題として考えている。中国の軍事的な脅威に対抗するには、日米+韓の安保同盟関係の構築が必要だった。それには日韓関係の改善が欠かせなかった。「従軍慰安婦問題」は安全保障政策の観点から解決が急がれることになった。

†ポスト戦後七〇年

ポスト戦後七〇年の最初の年(二〇一六年)、対近隣諸国関係は小康状態を保持している。韓国の大統領の八月一五日演説は「未来志向の日韓関係」を強調する一方で、慰安婦問題への言及がなかった。中国とは尖閣諸島をめぐって小競り合いが続いているものの、小康状態のなかでコントロールされている。

小康状態の背景には安全保障の観点がある。経済的な対中国依存の現実よりも、北朝鮮の脅威に対する危機認識を強めるようになった韓国は、対日重視に転換を始めた。日本側も安全保障の観点の優先が続く。内閣改造にともなって、稲田（朋美）自民党政調会長が防衛相に就任する。稲田大臣は、一方では靖国神社参拝を見送り、他方では中国との「海空連絡メカニズム」の運用や韓国との軍事情報包括保護協定の早期締結への意思を明らかにした。自民党内でもっとも右派に位置づけられていたはずの稲田氏が防衛相に就任すると、このように近隣諸国との安全保障上の信頼醸成に積極的な姿勢を示すようになった。安全保障政策の柔軟性を確保するためならば、歴史認識問題で譲歩することをためらわない安倍内閣の基本姿勢の現われだった。

就任前は右派イデオロギーが横溢していても、首相や防衛相の地位に就くと、現実主義的な外交・安全保障政策を掲げる。このような安倍内閣の基本姿勢は、さきに言及した外交思想史研究の認識枠組みを借用すれば、「現実主義」であると同時に「無思想」でもある。

中国の軍事的な脅威に対抗する目的で日米同盟と日韓連携を強める。安倍内閣の安全保障政策の基本方針は、アジア主義的な発想と無縁である。「無思想」と言ってもよい。民主党の鳩山内閣の時にアジア主義的な政策は模索されながら挫折した。これを最後にアジア主義的な政策に日本が回帰することはないかもしれない。

それでもこれからの日本はアジア主義の思想と政策の歴史を振り返ることになるにちがいない。その理由は三つある。

第一は経済的な観点である。「アジア化するアジア」（末廣昭『新興アジア経済論』岩波書店、二〇一四年）と指摘されるように、地理的なアジア諸国間の経済的な緊密化が進んでいる。中国を迂回することには無理がある。経済的に「アジア化するアジア」がどのような国際秩序を確立すべきか。歴史に考える手がかりを求めることができる。

第二は安全保障の観点である。対中国軍事包囲網の形成は無理がある。中国の急速な軍拡に対して、アメリカは冷戦下の超大国のような地位を維持できなくなっている。アメリカの限定的な関与を前提として、中国を排除しない安保秩序の確立が急がれる。本書の第6章で強調した多国間の重層的な安保秩序が必要な所以である。

第三は統合の原理の観点である。経済的な相互依存関係の深化は、近隣諸国関係の悪化に限界点を設定し、緩やかなアジア統合を促している。欧州統合は模範ではなくなった。それではどのような原理によってアジアの統合を進めるべきか。アジア主義の思想は依然として振り返るに値する。

以上の三つの観点からアジアの連帯を考える時、アジア主義の思想と政策の歴史は問いなおされ続けるだろう。

あとがき

この本の基礎になっているのは、『諸君！』（二〇〇四年一〇月号）に掲載された小論、「反米派よ、「亜細亜主義」を騙るなかれ」である。すぐあとに述べる理由から、当時、私は、研究以外の方法で、自分の考えを発表したいという気持ちを強く持っていた。

しかし全くの無名な書き手が、書きたいことを書きたい媒体で自由に書く、というぜいたくは許されていなかった。そこで私は、企画書を作り、原稿を持ち込むことにした。一度だけ小さな書評を書く機会を与えていただいたというわずかなつてを頼って、『諸君！』編集部の深田政彦氏にお願いしてみた。

深田氏は当惑されたはずである。なぜ「大学教授」ともあろう者が、ライター志望者のまねのようなことをするのか。きっと不審に思われたにちがいない。しかしともかくも企画書を読んでいただき、いくつかのやりとりののち、その小論を発表することができた。

なぜ私はその小論を書きたかったのか。過去一〇年ほどにわたって、「歴史教科書論争」が展開された。当初から予想されたとおり、この「論争」は不毛なままに事実上、終結した。この間、多くの研究者たちは、うっかりこんな「論争」に巻き込まれてはたまらない、といった風情で、無関心を装っているようにみえた。私も研究者の末端に連なる一人として、同じ思いだった。

そんなあるとき、この問題で国際政治史や外交史の専門家が沈黙していることの無責任を追及する、「論争」の一方の当事者による発言を目にした。私は反省した。「アカデミズム」に守られて、高みの見物を決め込んでいた自分のことを。そして先の小論を書くことに決めた。

ところが深田氏からOKをいただいて、いざ書き始めたとき、プライベートなことで落ち込むことがあり、書くことがうわの空になってしまった。深田氏はそのことを知ってか知らずか、さまざまなご助言を下さった。なかでも感激したのは、必要な資料をわざわざバイク便で届けていただいたことである。つらい思いをしていたこともあり、深田氏のご親切が身にしみた。深田氏のご厚意に報いたい。その一心で、なんとか小論をしめきりまでに完成させた。

私は、小論が月刊総合雑誌に掲載されただけで、満足だった。さらにある新聞の論壇時評が言及していることを知った。「これでもう十分だ」。そう思ったとき、筑摩書房の湯原法史氏からご連絡があった。湯原氏は、尊敬する研究者のお一人、坂野潤治先生の『昭和史の決定的瞬間』（ちくま新書、二〇〇四年）の編集を担当された方である。大変光栄なことであり、一も二もなくお引き受けした。拙い論考でも精一杯努力して書いていれば、誰かがどこかで見ていてくれるのだなあ、とうれしかった。こうしてこの本が出来上がった。

この本の刊行の経緯は、以上のとおりである。ここであらためて、深田政彦氏と湯原法史氏のお二人の編集者に深く感謝の気持ちを表したい。お二人に育てていただいたというには年をくいすぎているが、素直にそう思っている。

また制作の最終段階では、新書編集部の永田士郎氏に大変お世話になった。厚くお礼を申し上げたい。

「まえがき」にも記したように、この本は直接にはゼミの卒業生に捧げられるものである。彼ら彼女らから与えられた宿題を、「今頃になって」と呆れているにちがいないが、ようやく提出することができて、ほっとしている。ゼミの卒業生への思いが、一人でも多くの読者の方々にも伝わるようにと祈りながら、この本を世に送り出したい。

二〇〇六年六月

井上寿一

参考文献

全体に関わるもの

井上寿一『危機のなかの協調外交』(山川出版社、一九九四年)
井上寿一『日本外交史講義』(岩波書店、二〇〇三年)
井上寿一『ブリッジブック日本の外交』(信山社出版、二〇〇五年)
北岡伸一『日本の近代 5』(中央公論新社、一九九九年)
山室信一『思想課題としてのアジア』(岩波書店、二〇〇一年)

第1章

加藤典洋『敗戦後論』(ちくま文庫、二〇〇五年)
白石隆「東アジア地域形成と「共通文化圏」」(添谷芳秀・田所昌幸編『日本の東アジア構想』慶應義塾大学出版会、二〇〇四年)
関岡英之『拒否できない日本』(文春新書、二〇〇四年)
原洋之介『新東亜論』(NTT出版、二〇〇二年)
宮台真司『絶望から出発しよう』(ウェイツ、二〇〇三年)
毛里和子「中国のアジア地域外交」(渡邉昭夫編『アジア太平洋連帯構想』NTT出版、二〇〇

五年）
渡辺利夫「東アジア経済連携の時代」（渡邊編、同上）

第2章

小池聖一『満州事変と対中国政策』（吉川弘文館、二〇〇三年）
酒井哲哉『大正デモクラシー体制の崩壊』（東京大学出版会、一九九二年）
田原総一朗『日本の戦争』（小学館文庫、二〇〇五年）
中島岳志『中村屋のボース』（白水社、二〇〇五年）
坂野潤治・宮地正人編『日本近代史における転換期の研究』（山川出版社、一九八五年）
細谷千博ほか編『日米関係史4』（東京大学出版会、一九七二年）
三谷太一郎『近代日本の戦争と政治』（岩波書店、一九九七年）
三輪公忠『日本・1945年の視点』（東京大学出版会、一九八六年）
山室信一『キメラ 増補版』（中公新書、二〇〇四年）
鹿錫俊『中国国民政府の対日政策』（東京大学出版会、二〇〇一年）

第3章

石橋湛山『石橋湛山全集　第九巻』（東洋経済新報社、一九七一年）
籠谷直人『アジア国際通商秩序と近代日本』（名古屋大学出版会、二〇〇〇年）
木畑洋一ほか編『日英交流史　2』（東京大学出版会、二〇〇〇年）

『現代史資料(8)』(みすず書房、一九六四年)
武田知己『重光葵と戦後政治』(吉川弘文館、二〇〇二年)
細谷千博『両大戦間の日本外交』(岩波書店、一九八八年)

第4章

雨宮昭一『戦時戦後体制論』(岩波書店、一九九七年)
安藤彦太郎『中国語と近代日本』(岩波新書、一九八八年)
石橋湛山『石橋湛山全集　第十、十一巻』(東洋経済新報社、一九七二年)
伊藤隆・劉傑編『石射猪太郎日記』(中央公論社、一九九三年)
岡田酉次『日中戦争裏方記』(東洋経済新報社、一九七四年)
小熊英二『〈民主〉と〈愛国〉』(新曜社、二〇〇二年)
倉石武四郎『中国語五十年』(岩波新書、一九七三年)
衆議院調査部編『対支文化工作に関する論調』(一九三八年)
高橋亀吉『戦時経済統制の現段階と其前途』(千倉書房、一九三八年)
大東文化協会東亜文教国策委員会事務局編『日支文化提携東亜文化振興協議会速記録』(大東文化協会東亜文教国策委員会事務局、一九三七年)
東京大学社会科学研究所編『現代日本社会　4　歴史的前提』(東京大学出版会、一九九一年)
『刀水』(六号、二〇〇二年五月)
永井荷風『断腸亭日乗　四』(岩波書店、一九八〇年)

坂野潤治『昭和史の決定的瞬間』（ちくま新書、二〇〇四年）
御厨貴『馬場恒吾の面目』（中央公論社、一九九七年）
『兵隊　Ⅰ、Ⅲ』（復刻版、刀水書房、二〇〇四年）
矢部貞治『矢部貞治日記　銀杏の巻』（読売新聞社、一九七四年）
米谷匡史編『尾崎秀実時評集』（平凡社、二〇〇四年）

第5章

加藤陽子『模索する一九三〇年代』（山川出版社、一九九三年）
酒井三郎『昭和研究会』（中公文庫、一九九二年）
戸部良一『ピース・フィーラー』（論創社、一九九一年）
中村隆英『昭和史　Ⅰ』（東洋経済新報社、一九九三年）
古屋哲夫編『日中戦争史研究』（吉川弘文館、一九八四年）
細谷千博編『日米関係通史』（東京大学出版会、一九九五年）
安田浩ほか編『シリーズ日本近現代史　3』（岩波書店、一九九三年）
米谷匡史編『尾崎秀実時評集』（平凡社、二〇〇四年）
蠟山政道『東亜と世界』（改造社、一九四一年）

第6章

石橋湛山『石橋湛山全集　第十一巻』（東洋経済新報社、一九七二年）

大橋良介『京都学派と日本海軍』（PHP新書、二〇〇一年）
清水美和『中国が「反日」を捨てる日』（講談社＋α新書、二〇〇六年）
日本政治学会編『日本外交におけるアジア主義（年報・政治学　1998）』（岩波書店、一九九九年）
日本政治学会編『オーラル・ヒストリー（年報・政治学　2004）』（岩波書店、二〇〇五年）
波多野澄雄『太平洋戦争とアジア外交』（東京大学出版会、一九九六年）
宮台真司『絶望から出発しよう』（ウェイツ、二〇〇三年）
宮台真司・姜尚中『挑発する知』（双風舎、二〇〇三年）
蠟山政道『東亜と世界』（改造社、一九四一年）

補論

伊東祐吏『丸山眞男の敗北』（講談社選書メチエ、二〇一六年）
井上寿一『終戦後史 1945-1955』（講談社選書メチエ、二〇一五年）
井上寿一『昭和の戦争』（講談社現代新書、二〇一六年）
入江昭『日本の外交』（中公新書、一九六六年）
末廣昭『新興アジア経済論』（岩波書店、二〇一四年）
竹内好編『現代日本思想大系　9　アジア主義』（筑摩書房、一九六三年）
竹内好『日本とアジア』（ちくま学芸文庫、一九九三年）
『中央公論』（一九四七年九月号）

内閣府「外交に関する世論調査」（二〇一二年一〇月、二〇一六年一月）
日本政治学会編『日本外交におけるアジア主義（年報・政治学 1998）』（岩波書店、一九九九年）
松浦正孝『「大東亜戦争」はなぜ起きたのか』（名古屋大学出版会、二〇一〇年）
松浦正孝編著『アジア主義は何を語るのか』（ミネルヴァ書房、二〇一三年）

本書は、二〇〇六年八月、「ちくま新書」の一冊として刊行された。文庫化に際して、「補論　アジア主義——思想と政策の間」を増補した。

ちくま学芸文庫

増補《ぞうほ》 アジア主義《しゅぎ》を問《と》いなおす

二〇一六年十一月十日　第一刷発行

著者　井上寿一（いのうえ・としかず）

発行者　山野浩一

発行所　株式会社　筑摩書房
東京都台東区蔵前二―五―三　〒一一一―八七五五
振替〇〇一六〇―八―四一二三

装幀者　安野光雅
印刷所　株式会社精興社
製本所　加藤製本株式会社

乱丁・落丁本の場合は、左記宛にご送付下さい。
送料小社負担でお取り替えいたします。
ご注文・お問い合わせも左記へお願いします。
筑摩書房サービスセンター
埼玉県さいたま市北区櫛引町二―六〇四　〒三三一―八五〇七
電話番号　〇四八―六五一―〇〇五三

ISBN978-4-480-09758-3 C0131